シリーズ　後藤新平とは何か——自治・公共・共生・平和

世界認識

後藤新平 著

後藤新平歿八十周年記念事業実行委員会 編

藤原書店

「シリーズ 後藤新平とは何か——自治・公共・共生・平和」発刊によせて

本シリーズは、後藤新平歿八十周年を記念した出版である。

幕末に生まれ、明治から昭和初期にかけて、医学者として出発し、後に行政官を経て政治家として数多くの仕事を成し遂げた後藤新平（一八五七—一九二九）。愛知医学校長、内務省衛生局長、台湾総督府民政長官、満鉄初代総裁、鉄道院初代総裁、逓信・内務・外務大臣、東京市長などを歴任した。関東大震災後は、内務大臣兼帝都復興院総裁として東京の復興計画を策定し、今日ある首都・東京の青写真を描く。惜しまれつつも政界を退いた後は、東京放送局（現ＮＨＫ）初代総裁として放送の公共性を訴える一方、少年団（現在のボーイスカウト）日本連盟の初代総裁として、将来を担う子どもたちの育成に力を注いだ。最晩年には、「政治の倫理化」運動を提唱して全国を行脚し、また病身をおして極寒のソ連を訪れ、日ソ友好に向けてスターリンと会談するなど、在野の立場ながら公に身を捧げた生涯だった。

小社では二〇〇四年以来、〈後藤新平の全仕事〉と銘打って、『時代の先覚者・後藤新平』、『〈決定版〉正伝・後藤新平』全八巻、『後藤新平の「仕事」』、『後藤新平大全』など、後藤の全仕事を現代に紹介する出版をしてきた。それらの刊行に、〝後藤新平ブーム〟の到来とささやかれているが、あまりにスケールが大きく、仕事も多岐にわたるため、その全体像を描くことは、又それらの仕事のつながりを有機的に関係づけることは、きわめて困難でもある。しかも、後藤が現代を生きるわれわれに遺してくれた仕事は、百年を経た今日でもいささかもその現代性を失っていない。その仕事の通奏低音とも言うべき一貫した「思想」は何であったのか。そうした問題意識に立って、後藤新平を読み解くことを試みるのがこのシリーズである。

後藤新平ほど、論文や書物や講演が数多く残されている政治家は稀有であろう。本シリーズでは、そうした後藤の膨大な著作群から、「自治」や「公共」といったキー概念を軸に論考を精選して編集する。後藤は、〝生物学的原理〟という、医学者でなければ発想できないような独特な「自治」の思想を生み出した。それを基盤に、都市計画、内政や外交、そして教育などへの発言を各々のテーマに沿って整理することにより、後藤の思想を現代の読者にわかりやすく提示したいと考えている。

収録した後藤のテクストは、現代語にあらため、ルビや注を付すことで、現代の読者にも容易に読めるよう工夫した。また、それぞれのテーマについて、いま最もふさわしいと考えられる第一線の識者のコメントを収録し、後藤の思想を現代の文脈に位置づける手がかりとした。さらに後藤自身の重要な言葉は、エピグラフとして抜粋掲載した。いずれも読者にとって格好の手引きとなろう。

江戸の思想家、熊沢蕃山や横井小楠らの思想の影響を受けつつ、十九世紀後半から二十世紀初頭にかけての世界状勢の中で独自に生み出された後藤新平の「自治」の思想は、「公共」はいうまでもなく、国内の、さらに諸外国との「共生」へと連なり、ひいては「平和」へと結びついていくものである。その意味で、彼の思想は現在はおろか、時代を超えて未来の人々に役立つものと確信する。本シリーズが、二十一世紀に入ったばかりの苦境に陥っている世界や日本の人々にとって、希望を見出す一筋の光にならんことを切に願うものである。

二〇〇九年春三月

藤原書店編集部

後藤新平（ごとう・しんぺい／1857-1929）

水沢藩（現・岩手県奥州市）の医家に生まれる。藩校で学ぶうち，赴任してきた名知事・安場保和に見出される。福島の須賀川医学校で医学を学び，76年，愛知県病院に赴任。80年には弱冠23歳で同病院長兼愛知医学校長に。板垣退助の岐阜遭難事件に駆けつけ名を馳せる。83年内務省衛生局技師，ドイツ留学後同局長。相馬事件に連座したため衛生局を辞すも，陸軍検疫部にて日清戦争帰還兵の検疫に驚異的手腕を発揮し，衛生局長に復す。

1898年，総督児玉源太郎のもと台湾民政局長（後に民政長官）に抜擢され，足かけ9年にわたり台湾近代化に努める。

1906年，児玉の遺志を継いで満鉄初代総裁に就任，2年に満たない在任中に，満洲経営の基礎を築く。

1908年より第二次・第三次桂太郎内閣の逓相。鉄道院総裁・拓殖局副総裁を兼ねた。16年，寺内正毅内閣の内相，ついで外相としてシベリア出兵を主張。

1920年，東京市長となり腐敗した市政の刷新を唱導。また都市計画の発想に立ち，首都東京の青写真を描く（東京改造8億円計画）。在任中の23年にはソ連極東代表のヨッフェを私的に招聘し，日ソ国交回復に尽力する。

1923年の関東大震災直後，第二次山本権兵衛内閣の内相兼帝都復興院総裁となり，大規模な復興計画を立案。

政界引退後も，東京放送局（現ＮＨＫ）初代総裁，少年団（ボーイスカウト）総長を歴任，普通選挙制度の導入を受けて、在野の立場から「政治の倫理化」を訴え，全国を遊説した。また最晩年には，二度の脳溢血発作をおして厳寒のソ連を訪問，日ソ友好のためスターリンと会談した。

1929年，遊説に向かう途上の汽車のなかで三度目の発作に倒れる。京都で死去。

〈シリーズ・後藤新平とは何か〉世界認識——目次

二二一〜三三二頁写真　市毛　實
カバーデザイン　作間順子

シリーズ・後藤新平とは何か

世界認識

序　世界人類としての共生へ

世界認識を支える柱

本書には、後藤新平の世界認識にかかわる重要と思われる論文や著書の抄録など一〇本を収めた。彼の世界認識を支える柱として観えてくるのは、地政学的共生の発想と生物学的原則、さらには文明論的・文化的平和主義、科学的経済的戦略、そして仏教の大乗論的発想である。その地政学的な視点から見ると、彼の世界認識の中核を占めるのは、日本に隣接する中国とロシアであるが、それにドイツと米国とが特異な位置を占めている。中国は当時、混乱の極にあったが、後藤は、中国人が自らそれを解決すべきだと考えており、また、日本が最も親密に提携すべき相手であるとも常々主張していた。

朝鮮（韓国）は当時、日本の保護下にあり、さらに統治下に移行したが、後藤はかなり冷静な目で観ていたようである。たとえば、論文「対清政策上に於ける日露日仏協商の価値」

〈附言〉では、「生物学的原則の上に立って統治すべきだ」とし、論文「東洋政策一斑」では、「警察、憲兵、軍隊」によって「一見無事」に見えるが、「脚腰の立つほどの者はみな国外に出て」満洲や極東沿海州に村をつくり、「民族自決運動を起こ」そうとしているが、「私は強《あなが》ち民族自決そのものに反対するものではない」と述べている。これは、生物学的原則に立ち、自らの生を衛るという後藤の立場からすれば当然の主張である。

経済的共生地帯という構想

後藤が生涯、日露親善に尽くしたのは、地政学的共生の発想に基く。中国の混乱がそれを後押しした。満鉄経営の安定化と満鉄を世界運輸の一環とすることが主眼であったが、日本国内での人口の急激な増加や、朝鮮人の極東移住、米国内での排日問題などもあって、極東シベリアのハンカ湖（ウラジオストックの北方一六〇キロ）周辺の百万町歩に、日本の農民を二五万人ほど移住させる計画を立てていたことが、「東洋政策一斑」に書かれている。晩年の訪ソで後藤は、ソ連外務委員代理カラハンに対して、「人口過剰のための移民であるならば、日本は必ずしも北地に求める必要はない。北地に共棲の地を求めようとするのは、これによって露日両国の連鎖を固くするために外ならない」（『〈決定版〉正伝　後藤新平　8「政治の倫理化」

時代』）と述べている。これはまさに国境を線として考えるのではなく、人口の希薄な他国の地域を、相互の国が利益を得られる経済的共生地帯とする構想である。他国への移住は、日本とその国との共生という連鎖を固めるものと考えていたのである。

『日本膨脹論』の中で後藤は、「今日の国民の姿は、互いに相容れない固体のようではなく、互いに相浸透し、相間入できる多孔質の軟体のようなものである」と述べている。相互の国が利益を得られる共生地帯という構想は、経済的戦略に支えられた両国の連鎖を固めるという意義をもつ「膨脹」の一つの在り方であり、国家もそのような国民の在り方の上に立って考えられている。かつ後述するように、国民ないし民族が、「有機的な世界人類」へと解脱《げだつ》していく具体的な道筋の一つと考えられていたのである。

ドイツ産業参謀本部

後藤は、世界中のどの国も、敵視しなかった。特にドイツの場合、彼がドイツ語文が読め、いくらか話すこともできたため、ドイツ帝国建設の原動力だったビスマルクの外交・社会政策を研究し、ドイツの哲学や文学、特に科学力には造詣が深かった。論文「対清対列強策論稿本」や「対清政策上に於ける日露日仏協商の価値」では、欧州におけるドイツの孤立化を提唱し、「シベリア出兵意見」や「世界の変局に対する日本の国際的地位」では、ドイツを敵と表現しているが、それは老獪な独帝の武力的侵略主義を指していたのである。後藤は、シベリア出兵をあくまでもシベリア鉄道警備軍としての共同出兵の一翼を担うものと考えていた。後藤にとって、武力を用いた対外政策は旧時代のものであり、新時代の対外政策は平和的方法によるべきだと「東洋政策一斑」に明示されている。

さらに他方で、論文「不徹底なる対支政策を排す」では、ドイツの中欧関税同盟策を評価し、日本は東亜経済同盟を樹立すべきだとする経済的戦略を主張する。また「シベリア出兵意見」では飛行機や潜航艇などドイツの科学力に注目し、わけても、講演記録「欧米漫遊所見」では、大学や研究施設、工場などがドイツ国中に分散され、しかもそれらが巧妙な脈絡系統によって統一されているドイツ産業参謀本部の在り方を最も先進的と評価している。したがって後藤は、この先進的産業参謀本部を、その面では後進的な連合国側が潰しにかかったのが、欧州大戦であると観る。第一次世界大戦はサイエンスの戦いであるという後藤の戦争観が示されているのである。このサイエンスにかかわる産業参謀本部たる大調査機関という後藤の構想こそ、まさに文装的武備の「武備」すなわち科学的経済的戦略としての殖産興業の根本をなしていたのである。「武備」は「軍備」ないしは「武装」ではない。後藤は武装の虚威を張ることを「武装的文弱」と称して「文装的武備」と区別している。

対米国観と大戦後について

後藤は米国を敵視したこともなかった。米国の対外政策の基本はモンロー主義であるとし、論文「世界平和と日本の使命」の中で、モンロー主義は「いかなる欧州諸国であっても、南北両米大陸に専制政府を樹立し、かつ新植民地を獲得する者」に対しては、「必要があれば米国は自らの発議によって干渉を試みる」ものであり、中国については、領土分割というよりは、市場の開放を要求していると認識していた。

後藤は台湾時代の欧米旅行で、米国が極めて強大化する可能性を秘めていることを知っていた。「厳島夜話」では、伊藤博文を相手に「新旧大陸対峙論」を展開して、強大化する米国と旧大陸の対峙を説いた。しかしこの「対峙論」は米国を敵視するものではない。しかも「世界の変局に対する日本の国際的地位」において、第一次大戦を通じて空前の成金国になったのは米国であると論じ、「欧米漫遊所見」では、米国の科学力をもたらす組織がドイツの産業参謀本部にかつかつ匹敵するものとなり、ボストンのインスティチュート・オブ・テクノロジーなどは、部分的にそれを凌駕する組織だと評価している。

さらに、米国に日本からの移住者問題で排日運動が起こり、それに呼応して日本に日米戦争論を唱える者が出てきたとき、後藤は米国を敵視していない。日本からの移民は日米共生の連鎖となることを確信しており、米国にもしかるべき識者がいるはずだと考えていたからである。他方で、日本農民の極東シベリア移住は、米国の排日運動を掣肘するとも考えていた。

第一次大戦中に書かれた『日本膨脹論』の中で、大英帝国は斜陽となりつつあると後藤は認識していたのであるが、英国は長年、勢力均衡策をとり、均衡が破れれば武力も辞さないのが対外政策の基本であった。「世界平和と日本の使命」で、武力を用いるのは時代おくれとする後藤は、その勢力均衡策も時代おくれと考えていた。しかも、第一次大戦後のパリ講和会議は休戦を招来しただけで、ワシントン会議は海軍の制限を定めたものの、中国のバルカン化は放置され、革命ロシアはその存在を無視され、戦後の世界平和構築の努力もなかったとし、日本の使命は、日本、中国、ロシア三国に米国を加えて協同して世界平和を目指すべきだと主張した。

完全な有機的世界人類に向けて――『日本膨脹論』

日本はどの国も敵視してはならない、というのが後藤の世界認識の根本にある。それらの国々から学ぶべきは学び咀嚼し尽くし――この咀嚼力が同化力で、大和魂そのものであると後藤は定義しているが――日本独自の文明ないし文化として昇華し、これを世界に知らしめるべきだというのが後藤の世界平和主義である。この文明的ないし文化的文教的平和の名と実が相かなうことを文装的武備の「文装的」という表現に篭めており、しかもそれは世界に知らしめるべき日本の平和主義であり、日本の文明文化であったのである。

後藤は、国民とか民族は、独特の個性を持つ有機体と考えており、それが「さらに完全でより高等な有機体」である「世界人類」へ解脱《げだつ》する目的を持っており、その解脱こそ「膨脹」の真の意味であると考える。

その上で、現実の国民ないし民族が膨脹する仕方を、後藤は、仏教における解脱の在り方によって三つに分類する。すなわち、わが国民ないし民族だけが世界人類に解脱したいとするのは小乗門であり、これは、わが民族が、世界の国民ないし民族を征服支配しようとする傾向をとりがちである。次に、どの民族も解脱すべきだといいながら、実はわが民族だけの解脱を欲求するのが権大乗門であり、全人類を一体と見、同朋と見る世界主義の仮面を被った民族主義である。いずれにせよ、「帝国主義、排外主義、侵略主義、軍国主義とこれを裏付ける経済的排他主義、産業的侵略主義」は、これら小乗門、権大乗門のいずれかに分類される。

これが現状であり、その上で、後藤は、どの民族も解脱すべきであり、他の国民や民族が解脱するようにお世話をする実大乗門こそ真の解脱の道であるとする。しかもこのような実大乗的精神を発揮できるのは日本であるという自負の念さえある。

要するに、民族・国民の有機的膨脹とは「大宇宙を小宇宙の中に包み、小宇宙が大宇宙の中に生存し発展するという円融無碍《えんゆうむげ》の相即主義」であると結論づける。これは、すべての民族・国民が円融する、神あるいは仏の境地に到ろうとする共生の要求である。しかもこれは、世界の至る所に紛争の絶えない現在においても、諸国民・諸民族が、より完全で高等な有機的世界人類としての共生への解脱を求める、現代世界に向けた後藤のメッセージなのである。

藤原書店編集部

I

後藤新平のことば

世界の今後の趨勢は、これを大処より達観すれば、すなわち新大陸と旧大陸との対峙に帰着するからで、そして欧州各国は東洋諸国と共にひとしく旧大陸として、共通の立場と利害とを有する。

たとえ百年不磨の大策を確立するのが難しくても、少なくとも一〇年不変の政策を樹て、これに準備して機に臨み変に処して内外の時務を断じなければならない。

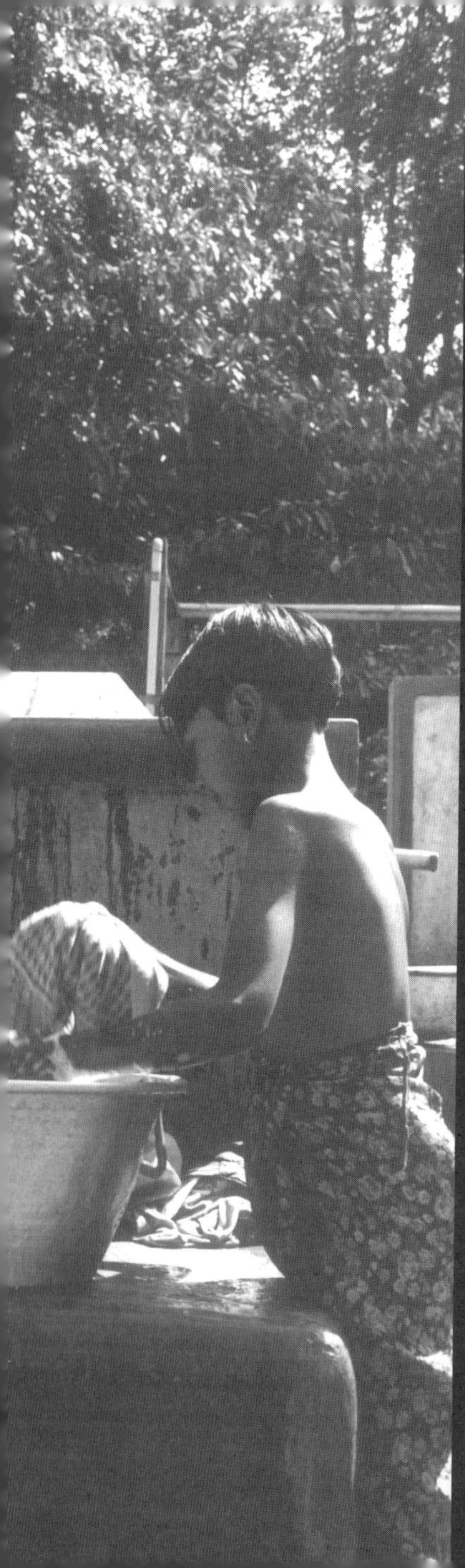

地理、歴史、伝統、宗教、風俗、習慣などを全く異にするそれぞれ特殊な民族的生活を除外して、直ちに人類一体、四海兄弟を説こうとする世界主義は、空《うつろ》な概念に過ぎない。

民族、国家の有機的膨脹とは何か。（…）すなわち大宇宙を小宇宙の中に包み、小宇宙が大宇宙の中に生存し発展する円融無《む》碍《げ》の相即主義である。

従来、邦人は東海に孤懸《こけん》する帝国の小地域にあきたらず、この欠陥を支那大陸に求めることを唯一究極の政策であるかのように思惟するものが少なくない。これはひとえに土地の広狭のみを標準として国策を談ずる先入見に囚われた誤った考え方である。

われらは過去において幾多の過誤をなした。われらはそれらの過誤から学ばねばならない。そして戦争に代えて協同をもってし、文明を破壊しなければやまない残忍野蛮な手段に対して正直、誠実、真摯な協同をもって面しなければならない。

私はまず歴史的に日本国民は平和の愛好者であることを主張する。（…）約三百年間、日本国民は、外国とは全然無関係にその美術・文学を発達させながら自己の生活を享楽した。約三百年間、日本国民は国の内外に対して戦争に従事したことがなかった。

いたずらに蝸牛角上《かぎゅうかくじょう》の政権争奪などに没頭すべき時機ではない。まさに邦家百年の大計たる東洋政策の樹立にますます勇往邁進《ゆうおうまいしん》すべきときといわねばならない。

Ⅱ　後藤新平「世界認識」を読む

戦って勝つのは、
戦わずして勝つのに及ばない。

後藤新平

世界とアジアと日本

小倉和夫

●小倉和夫（おぐら・かずお）
一九三八年生。国際交流基金理事長。青山学院大学特別招聘教授。一九六二年、外務省入省。文化交流部長、経済局長、駐ベトナム大使、外務審議官（経済担当）、駐韓国大使、駐フランス大使などを歴任。著書に『パリの周恩来』（中央公論新社）、『中国の威信　日本の矜持』（中央公論新社）、『吉田茂の自問』（藤原書店）『日中実務協定交渉』（岩波書店）など多数。学芸総合誌・季刊『環』（藤原書店）で「近代日本のアジア外交の軌跡」を連載、来春刊行予定。

後藤新平の世界観と日本観を、今日の世界と日本のあり方を考える上で分析、考察するには、後藤の見方を、人類社会全体への見方、アジアの位置づけ、そして日本の生き方の三つの視点から評価してみる必要があろう。

人類社会への見方

後藤は、今から百年近くも前に既に、各民族、国家は長期的には人類共通の目標や価値に向って進むであろうとし、輸送や通信手段の発達の意味を論じている。このことは、今日のグローバリゼーションが引きおこしている問題は、（全てとはいえないまでも実は多くは）近年に突然出現したものではなく、十九世紀以来の産業、技術、科学の発展の延長線上にあることをあらためてわれわれに想起させてくれる。

従って、グローバリゼーションに反対あるいは留保をつける論評や政治運動も、そのかなりの部分は、十九世紀以来の社会階級論に類似したものであることにあたらめて思いを深くせねばなるまい。

しかし、後藤の真骨頂は、一国の国益は、それを世界人類全体の利益に合致せしめ、また一国の理念を世界全体の理念と一致せしめてこそ、実現可能であることを強調した点にある。日本のシベリア出兵を、国益や安全保障のためとせず、人道主義に基づくものであることを強調した後藤の姿勢は、今日のパブリックディプロマシィ論ともつながるものである。

すなわち、国益や自己の戦略に基づく方策を、理念、それも世界に通用する理念というオブラートで包むことの重要性は、今日の日本の「国益論者」も深く学ばねばならぬ点であろう。

理念を重視した後藤は、同時に、それを実現するための現実的な国力の充実を唱えたが、その際、後藤は、国力の要素として軍事力や経済力以上に科学、学術、文化の重要性を強調した。

このような後藤の世界観は、必然的に、日本の理念と力を膨脹させ、かつそれを合理化する道へとつながった。後藤は民族国家を国際社会における当然の「生命体」ととらえたが故に、彼の膨脹論は民族国家の膨脹論となり、そこでは民族国家同士の葛藤と争奪が生じることは当然視された。しかしその葛藤から全人類的な平和と安定に至るプロセスがいかなるものかについてのシナリオを後藤は提示していない。

後藤の論理をそのまま適用すれば、世界的理念をもった覇権国家が、自らの味方を作りながら世界の安定に責任を持つことが自然の勢いとなる。しかし後藤は、当時七つの海を支配していたイギリスを以って、独善と偽善に充ちたものと批判しており、おそらく今日のアメリカについても後藤が生きておれば辛らつな批判を投げかけたであろう。

民族国家をこえた全人類的価値の追求に国際社会が一層向ってゆくためには、国際社会におけるプレーヤーが民族国家だけにとどまることなく、専門機関、非政府団体（NGO）、市民団体といった、人類の直面した課題毎に大きな役割を果すべき団体が活躍しなければならないのではあるまいか。

（後藤が、時として、正式の外交ルートや公けの肩書きをはなれて、個人の資格で国際折衝にあたったことは、一見国家主義者の後藤が、実は本能的に、国家を一応はなれた形でのプレーヤーの重要性を認識していたせいかもしれない）。

アジアをどう見るか

後藤は、東アジア経済圏構想を今から百年前に唱えているが、そのこと自体もさることながら、その背後にひそむ後藤のアジア観に注目すべきであろう。「セカンドハンドでないアジア観」——後藤のこの言葉は、今日の日本にこそ向けられねばならぬ言葉であろう。

セコハンのアジア観——それは欧米のアジアに対する見方をそのまま焼き直しにした日本人のアジア観のことである。後藤は、そうしたセコハンのアジア観からの脱却を説き、欧米と協調しているだけのアジア外交からの脱却を主張した。

こうした後藤の「脱却」は、具体的にはどういうことだったか。

一つは、日本の近代化の問題を、日本独りの問題としてとらえずに、アジア全体の近代化の問題としてとらえることであった。「東亜経済同盟」構想も正に、日本の近代化をアジア全体の近代化と結びつけるという発想に出たものであった。

後藤のアジア観のユニークな点として第二にあげられることは、ロシアをアジアの中にしっかりと位置づけ、日本のアジア政策を、日、中、露三国の協力の上ですすめることを強く主張した点である。

もとよりこの背後には、日本の朝鮮支配と満洲経営の安定という「帝国主義的」動機がからんでいたことは明白であるが、日本のアジア政策を、欧米との協調という軸よりも、中国及びロシアとの協調においたことは、極めて興味深い外交視点といえよう。

他方、後藤のアジア観には、植民地ないし半植民地化された国がほとんど全てであった当時のアジア情勢を反映して、アジアの国々の統治能力への懐疑と民衆の自覚への不信が見え隠れしている。

しかし歴史の流れを客観的に見れば、アジアでは中国におけるナショナリズムの勃興や朝鮮の三一運動、インドの独立運動を始めとし、民衆の新しい動きが始まっていたのであり、そうした動きに日本としてどのように対応すべきかという点にこそ、日本の未来がかかっていたのであった。

「アジア」は、政府や権力者の政治的ゲームの場であったり、バランスオブパワーを実現するための手段であることをやめて、アジアの「民衆」のものでなければならないということをわれわれはあらためて肝に銘ずるべきであろう。

日本はどこへ行く

後藤は日本民族の伝統の輝かしさを賞讃し、一個の生命体としての民族国家の発展に対して、宗教心に近い熱情を吐露する。

日本はアジアの安定に責任を持たねばならぬといい、そのためにも世界に目を開くことを唱う。同時に、上ずった世界主義、軽薄な協調主義を激しく排除する。そして、日本の発展のために行うべきこととして、人口問題の解決、学術研究の充実といった事柄を強調する。

後藤は、日本の知識人の軽薄な国際主義を批判しつつも、日本国民の自覚と意識改革の必要性に言及する。

後藤の言説は、今日から見ると、あまりにも「日本民族の資質」についての自信に充ち、同時に、国家ないし民族全体の「進歩」を当然視しているように見える。

ひるがえって、現在の日本をみれば、そこにあふれているものは、上昇志向の消滅、自らの将来と進歩への懐疑、そして内向き志向と安全重視の感情である。そこでは、「やさしさ」や「クール」が尊重され、質実剛健や火と燃える野望は時代に合わぬものとされがちである。

後藤の日本観ないしその前提となっている見方は、あまりにも今日の日本から遠い。にも拘らず、今日の日本にとって、後藤の言っていることのいくつかは依然として大きな意味を持つ。例えば、理念は、それを実現する力の裏付けがあってこそ理念として意味があるという考え方である。

平和憲法も非核三原則も、そこに体現された理念を貫くためには、日本としてそれなりの「力」を持たねばならぬ――後藤は今日の日本を見てそう言うに違いない。そして、今日の日本は、次にかかげる詩のようだといってこの詩を口ずさむのではあるまいか。

堅苦しく、うはべの律儀を喜ぶ国、
しかも、かるはづみなる移り気の国、
支那人などの根気なくて、浅く利己主義なる国、
亜米利加の富なくて亜米利加化する国、
疑惑と戦慄《りつ》とを感ぜざる国、
男みな背を屈《かが》めて宿命論者となり行く国、
めでたく、うら安く万万歳の国。

この詩を今から百年も前に書いたのは、他ならぬ与謝野晶子その人である。

後藤新平の殖民地経営哲学
——生物学的殖民地論と文装的武備論

渡辺利夫

●渡辺利夫（わたなべ・としお）
一九三九年生。拓殖大学学長。慶応義塾大学卒業、同大学院修了。経済学博士。筑波大学教授、東京工業大学教授を経て現職。東京工業大学名誉教授。第一七期日本学術会議会員。山梨総研理事長。松下政経塾理事。ＪＩＣＡ国際協力功労賞。外務大臣表彰。『成長のアジア　停滞のアジア』（東洋経済新報社、吉野作造賞）、『開発経済学』（日本評論社、大平正芳記念賞）、『西太平洋の時代』（文藝春秋、アジア太平洋賞大賞）、『神経症の時代』（ＴＢＳブリタニカ、開高健賞正賞）『新脱亜論』（文春新書）など著書多数。

後藤の台湾経営の哲学は「生物学的殖民地論」として知られる。個々の生物の生育にはそれぞれ固有の生態的条件が必要であるから、一国の生物をそのまま他国に移植しようとしてもうまくいかない。他国への移植のためには、その地の生態に見合うよう改良を加える必要がある。日本の慣行、組織、制度を台湾のそれに適応するよう工夫しながら殖民地経営がなされるべきだ、概略そういう主旨である。武断型の殖民思想とは明らかに一線を画する。

台湾に古くから存在している慣行制度を究め、この「旧慣」に見合うような制度的工夫をしなければ優れた海外領土経営は不可能だという、実にまっとうな思想の持ち主が後藤であった。その思想を平たく述べた文章がよく知られている〝鯛の目と比良目《ひらめ》の目〟の比喩である。

「わが輩は、台湾を統治するときに、まずこの島の旧慣制度をよく科学的に調査して、その民情に応ずるように政治をしたのだ。これを理解せんで、日本内地の法制をいきなり台湾に輸入実施しようとする奴らは、比良目の目をいきなり鯛の目に取り替えようとする奴らで、本当の政治という

ことのわからん奴らだ」（鶴見祐輔著、一海知義校訂『〈決定版〉正伝　後藤新平　3　台湾時代』藤原書店、二〇〇五年）

この後藤の考え方が典型的にあらわれたのが、台湾人の悪習である阿片吸引の禁止であった。後藤の考えは「厳禁論」でも「非禁論」でもなく「漸禁論」であった。台湾阿片令を出して阿片専売制度を設けた。阿片吸引者から阿片を一挙に取り上げるわけにはいかない。阿片販売者を特定の仲買人と小売人に限定し、すでに阿片中毒にかかっている者のみにこれを購入させる通帳を保持させ、新たな吸引者には通帳は交付しないことにした。当然ながら、阿片価格は旧来に比して高値に設定した。これにより阿片吸引者は漸減し、加えて専売収入の増加にも寄与した。

台湾統治のために後藤は、鄭氏王朝の時代からの来歴をもつ「保甲」を利用した警察制度を確立した。保甲とは一〇戸を一甲、一〇甲を一保として甲長と保長をおき、保甲内の相互監視と連座制を徹底した制度であった。戸籍調査、出入者管理、伝染病予防、道路・橋梁建設、義務労働動員などがすべてこの保甲を通じてなされた。保甲は日本の台湾統治のための効率的な住民組織として機能した。

治安組織の創出とならんで後藤がその初期になした刮目すべき成果は、李《り》鴻《こう》章《しょう》によって任命された初代台湾巡撫劉銘伝《りゅうめいでん》によって着手され、未完に終わった土地・人口調査事業の完遂であった。後藤はこの事業をもって経営さるべく託された台湾の現状を徹底的に調査した。土地調査事業の着手は、後藤の着任後わずか半年のことであった。調査を通じて全土の耕地面積・地形が確定され、地租徴収の基盤が整えられた。土地調査事業につづいて林野調査事業を開始、台湾全土の山林地帯の面積・地形を確定し、所有関係を整備した。つづいて「戸籍調査令」を発令、これにもとづき人口調査を行った。住民戸籍調査は本格的事業であった。これら土地、林野、人口調査を通じて台湾の旧慣についての思考を深めたことが、台湾に見合うインフラ整備、衛生事業、教育事業を通じて、台湾に近代化をもたらしたのである。

現在の台湾における国民中学の標準的な教科書である『認識台湾』は、日本統治時代の「社会の変遷」の項目で、（一）人口の激増、（二）纏足、弁髪追放の普遍化、(三) 時間厳守の観念の養成、(四) 遵法精神の確立、(五) 近代的衛生観念の確立、の五つをあげている。例えば遵法精神の確立について同書は、「総督府は警察と保甲制度を用いて有効に社会支配を達成し、犯罪の防止と秩序の維持を厳密に行い、民衆が射倖心《しゃこうしん》で法律を犯さないようにした。同時に、学校や社会教育を通じて近代法治観念と知識を注入し、秩序と法律を尊重することを学ばせ、それに加えて司法は公正と正義を維持することで、社会大衆の信頼を獲得した。この影響で、民衆は分に安んじ、規律を守るなどの習慣を養い、遵法精神を確立した」と解説している。

後藤新平は八年余の台湾総督府民政長官の任を終え、満鉄(南満洲鉄道株式会社)の初代総裁として大連本社に赴任した。後藤新平の遼東半島開発の哲学が、「文装的武備論」である。文装的武備とは、後藤によれば、「王道をもって覇道を行う」ことだという。後藤は、関東軍の影響力を排しながら旅順工科学堂、大連病院、南満医学堂、東亜経済調査局、満鮮歴史地理調査事業、中央試験所、旅順・大連都市計画の諸事業に満身の力をもって当たった。そのうえで、この地に大量の、日本のみならず各国の移民の導入を図った。

文治により産業を振興し、移民を豊富に受け入れて彼らを南満洲に定住させれば、外敵は容易にここを侵略することはできず、軍隊派遣のための巨額費用の捻出をまぬかれる。万一戦争になっても、南満洲のインフラの中心である鉄道は、本来は民生用であるとはいえ、戦時には兵員、武器、弾薬の運搬用車として多大の活躍をしよう。病院が民生用であることはむろんだが、同時に野戦病院ともなろう。道路もこれを広く設定しておけば、種々の戦時用の機能を発揮させることができよう。「文装」ではあっても「武備」となると後藤は考えた。

異文化社会の価値観に沿わない武断型統治はこれをつづけてもそのコストは大変に大きい。しかも、成功は保障されない。台湾の旧慣調査にもとづく生物学的殖民地論とは、つまりは武断型統治ではなく、文治型統治の優越性を追究した論理であった。

見据えてみれば、政治、経済、社会、文化、宗教その他多様な領域を包括した異文化社会を統治するうえで、武備はその一部を構成するに過ぎない。異文化社会を、独自に生成発展した一個の有機的生命体として捉えるならば、生物学的殖民地論と文装的武備論は同一の理念的枠組みの中で理解されて然るべきであろう。

いまひとたび後藤に耳を傾けてみよう。

「日本による旅順経営の世界的価値が、露国の決して及ぶところでない事実を承服させることを要する。否、日本は旅順経営（の目的）が、実に東洋の平和的進歩を維持すべき、かつ文明を清国に普及すべき原動地となすことにあることを知らしめ、暗に文装的武備の基礎を強固にすることにある」（鶴見祐輔著、一海知義校訂『〈決定版〉正伝　後藤新平　4満鉄時代』藤原書店、二〇〇五年）

後藤新平という一代の政治家にして統治哲学に秀でた人物が、往時の日本の東アジアにおける国勢伸長を支えた人物としてまぎれもなく存在したこと、またその人物の影響力が喪失するとともに日本の国勢もまた荒波に呑まれていったという事実を、私どもは記憶の中にとどめておきたい。

MATSUDAIRA
GOME TOKYO JAPAN

●佐藤 優（さとう・まさる）
一九六〇年生。作家。元外務省主任分析官。外務省入省後八八年〜九五年在露日本大使館書記官。九五年から外務本省国際情報局分析第一課に勤務。二〇〇二年五月背任容疑で逮捕され、一審判決後、事件の内幕や背景などをつづった『国家の罠』（新潮社）を出版、ベストセラーとなった。二〇〇九年六月執行猶予付有罪確定。日本の政治・外交問題について、講演・著作活動を通じ、幅広く提言を行っている。

後藤新平の体系知

佐藤 優

帝国主義外交の文法に通暁

帝国主義のゲームのルールは、「食うか食われるか」である。資本主義システムへの転換が後発であったアジア諸国のほとんどが、欧米帝国主義国に食われ、植民地になってしまった。そのような状況で、日本はアジアで唯一の帝国主義国となった。

後藤新平は、「食うか食われるか」という帝国主義のゲームのルールを、外交の論理にかみ合わせる才能をもっていた。世界には、国際秩序形成のもっぱら主体としての機能を果たす帝国主義国と、それら帝国主義国が作ったゲームのルールに従わざるを得ない中小国、さらに国家を失ってしまう植民地に分かれる。中小国である日本が植民地に転落せず、生き残るためには帝国主義への道をたどる必要があるということは、明治期の日本の政治エリートの共通認識であった。その担保として、軍事力増強が不可欠であるということについても政治エリートの間で共有されていたが、同時に帝国主義外交の文法に通暁する必要があると考えた人は少なかった。私が見るところ、後藤新平は帝国主義外交の文法を体得していた数少ない政治エリートなのである。ここに後藤の世界認識の特徴がある。

帝国主義外交の文法の骨子は以下の通りだ。まず、相手国の立場など配慮せず、自国の利益を一方的に主張する。その結果、相手国がこちらの要求を飲み、国際社会も沈黙しているならば、その機会を逃さずに権益を獲得する。相手国が反発し、国際社会もこちらに対して批判的になり、このまま主張を続けると結果として自国が損をすることが明白な場合、妥協し、国際協調に転じる。要は帝国主義列強の動きを詳細に分析し、自国の利益の極大化を図ることだ。言い換えるならば、国際関係を関数態としてとらえる視座が必要なのである。後藤はこの視座を持っていた。例えば、日清戦争の結果に対する以下の評価だ。

帝国は日清戦争によって強名を世界に売り得たと同時に、列国は清国から諸所の租借、解放、鉄道、鉱山ないし勢力圏なるものを買い得たのである。その結果北清団匪の事変〔義和団事件〕が起き、日本はまた一場の勇名を売り得て、列国は幾多の利権と債権とを買い得たのである。／日本の売り得た強名は、もとより国家的重宝であることには変わりない。しかしながらそれは展形変形して列国の対清政策となり、東洋に還元されてわが外交の圧迫となるのを見ると、その経済的特質がどうかはいまだ容易に算定しがたいものがある。見よ、日露戦争は何のために起こったのか。当初清国が与しやすいことを列強の前に暴露して、露国が満洲侵略策を誘致した動因は、誰が提供したものであったか。／日本は自業自得の結果として、やむをえず、あえて再び勇名を日露戦争に売ったのである。しかしながら、その結果がさらにどのような変化をとって反動してくるのかはまだ分からない。（「対清政策上に於ける日露日仏協商の価値」）

後藤は、日清戦争、日露戦争における日本の勝利に浮かれずに、その結果生じた権力バランスの変化に帝国主義国がどのようにつけ込んでくるかを冷静に分析している。そして、急速に経済力と軍事力をつけているドイツが、国際社会の攪乱要因となり、日本の国益を毀損する可能性が高いと考えた。そこで日英同盟を基軸に、そこに日露協商、日仏協商を加えることで、ドイツが日本のもつ中国の権益を侵害することができない体制を構築しようと試みた。日露戦争終結後二年しか経たない時点で、既に後藤にはドイツに対して、イギリス・フランス・ロシアが対峙する第一次世界大戦の構図が見えていたのだ。その上で、「勝ち組」になるであろう英仏露側との同盟戦略を提示している。優れた洞察力だ。

不安定な時代の到来を洞察

後藤の洞察は、帝国主義が動的な勢力均衡モデルによって成り立っているという了解に基づいている。それだから、反独主義というようなイデオロギーに凝り固まるのではなく、第一次世界大戦の敗北でドイツが弱体化すると、後藤のドイツに対する関心は稀薄になる。

後藤は、第一次世界大戦が世界史に与える影響を正確に洞察していた。大戦中の一九一六年に発表された『日本膨脹論』を読むとそのことがよくわかる。

例えば、以下の記述だ。

しからば戦後の文明、すなわち二十世紀の新思想はどのような形をとるであろうか。私はここにそれを細論する必要と紙面を持たないが、思想的には功利以上に人間の結合点を求め、知識以上に情意の要求を重んじ、物欲以上に生命の神秘境を認め、打算以上に人間精神の意気と霊能とを重視する神秘主義、新唯心主義、新ローマン主義が起こるであろうし、実際的には瞑想よりも科学に傾き、言論よりも実行を主とし、利害よりも努力を尊び、抽象を排して具体に行き、博識よりもさらに独創の権威を尊貴とする奮闘主義、向上主義、独創主義が起こるであろうと信ずる。要するに戦後の生活はより科学的に、その思想はより精神的に、より情意本位的に、より実際的に傾くと言うことができよう。／そして精神的、情意的、実際的傾向は、必然的に民族主義、あるいは国家主義の観念を呼び醒ます傾向を持っている。（『日本膨脹論』第一章）

後藤は、大量殺戮と大量破壊を経験した世界が十八〜十九世紀の啓蒙主義や発展史観の限界に突き当たり、人間の非合理的側面に光を当てた知的営為が活発になると考える。弁証法神学（危機神学）、実存主義、さらに政治における決断主義（それがナチズムの土壌を作る）の出現を予言しているのだ。それと同時に、二十世紀には科学も飛躍的に発展していく。帝国主義の本質は変わらない。各国の自己主張が、科学的成果に裏付けられた軍事力を持ちながら、合理的計算の枠に収まらない不安定な時代が到来することを後藤は洞察している。

体系知をもつ人物とは

ヨーロッパの中世スコラ哲学に「博識に対抗する体系知」という格言がある。断片的な知識をいくらもっていても、それは力にならない。個々の知識をつなぎ、体系的な世界観を構築することが学問の目的という考え方だ。日本にもこのような体系知をもつ人がときどき現れる。例えば、幕末に活躍した横井小楠だ。徳富蘇峰は、『日本膨脹論』序で「今もし著者（後藤）の意見の先駆者を求めるならば、わが帝国に横井小楠翁がある。およそ世の中に小楠翁ほど、多く誤解され、もしくは諒解されない者は少ない。翁はこの誤解もしくは不諒解の犠牲となって、半生を不幸に経過し、ついにはその身を損うに至った。しかも翁の国家経綸の根本主義は、あたかも本書の所説と、軌を一にする」と述べている。

現下日本は、深刻な構造的危機に直面している。政治、経済、外交、軍事などの専門家は日本に数多くいる。しかし、これら断片的な知識を体系知にまとめあげ、日本国家と日本人の生き残りのために活用できる政治エリートが不在だ。もっとも私は日本の将来を悲観していない。幕末の危機が横井小楠を生みだした。帝国主義列強によって日本が植民地化される危機に直面したときに後藤新平が現れた。日本人は、普段はだらしなく、ふがいないように思われても、危機に直面すると、それを克服することが出来る人材が現れる。現在の危機がきわめて深刻であるが故に、後藤の知的遺産を継承する人材が近未来の日本に現れると私は信じる。

地政学的な世界認識

ワシーリー・モロジャコフ

●Vassili Molodiakov（ワシーリー・モロジャコフ）
一九六八年生。法政大学日ロ関係研究所特任研究員。日本近現代史・国際関係史専攻。一九九三年モスクワ国立大学卒業、九六年同大学大学院博士課程修了。拓殖大学日本文化研究所主任研究員、客員教授を経て現職。著書に『桂太郎、後藤新平とロシア――資料集一九〇七〜一九二九年』『戦いの時代――白鳥敏夫評伝』『ロシアと日本――鉄道関係史』『リッベントロップ――ナチ外相評伝』『ロシアと日本――黄金時代』（以上、いずれも露文）、編著に『ロシアと拓殖大学』（拓殖大学）ほか多数。『後藤新平と日露関係史』（藤原書店）で第21回アジア太平洋賞大賞受賞。

後藤新平は、「地政学」（ドイツ語で「Geopolitik」）という言葉をあまり使わなかった。にもかかわらず、彼の世界認識を再検討してみると、やはりそれは地政学的であったと結論づけて間違いないように思われる。

地政学は、十九世紀末ごろドイツにおいて地理学、政治学、国際関係論、政治・軍事思想、生物学にいたる諸科学のミックス、ないし「合金」として生まれた。地政学の概念は文字通り「地理」と「政治」と「学（問）」であって、基本的に地理と国家の関係を論じている。しかし、二十世紀に入って、その意味するところはより広くなった。

後藤も、地理と国家の関係に限らず、より広く深い、文明・文化と地理との関係を考えていた。後藤自身、現代地政学の創立者として知られているドイツの地理学者フリードリヒ・ラッツェルとスウェーデンの政治学者ルドルフ・チェレンの論文を読んだかどうかは定かではない。しかし、ラッツェルの著作は当時、基礎知識とみなされていたし、優れた知識人であり国際人であった後藤は、すくなくともその学問の基礎を知っていたと推測できる。彼は「ドイツ系インテリ」と呼ばれ、「ドイツ製の学問」への関心は自然であったろう。

後藤の地政学的世界認識の本質と特徴は、彼のロシア観、日ロ関係観から明らかになる。後藤は一九二八年七月二九日付のソビエト・ロシアの外務人民委員〔外務大臣〕ゲオルギー・チチェーリン宛書簡で以下のように述べた。「日ソ貿易条約の締結はおくれているが、両国の隣接のためのその〔両国の〕地政学的関係の結果として、〔協定の締結〕が必ずできる、と私は確信している」〔ロシア資料館保存資料より筆者和訳〕。

後藤が論じていた日ロ関係は、二国、つまり国と国との関係のみではなく、東亜〔東アジア〕の中の、また世界の二大国としての、日本とロシアとの多面的な関係であった。後藤は、二国間関係の具体的な問題であっても、より広く考えており、「隣接のための地政学的関係」の重要性を強調した。その表現は非常に「後藤らしい」と言えよう。後藤の政治思想は、地方認識でなく、世界認識に貫かれていた。

日露戦争前、太平洋を視野に入れて満洲と朝鮮へ勢力拡大を図るロシアを、後藤は日本の敵と見なしていた。日露戦争は彼の愛国心を奮い立たせたが、戦争が終わると、両国の将来について考えざるを得なくなった。後藤は、日本とロシアは、敵対・友好関係にかかわらず、互いにアジアの隣国であり続けると考えた。これが「隣接のためのその地政学的関係」の真意である。

このような情勢の中で後藤が達した結論は、ロシアは戦略的なパートナーになるべきであり、同盟国と認めてもよいが、決して敵国であってはならない、というものであった。帝政ロシア時代からソビエト・ロシアになっても、後藤の考え方はあまり変わらなかった側面に留意したい。

つまり後藤は、地政学的な視点から、ロシアの国家体制やイデオロギーよりその対外政策、特に対日・対中政策に注目していた。その意味で、日本との友好的、有益な関係に最も必要な条件は相手国内の安定、安全保障であった。もちろんそれは日ロ（ソ）関係に限らず、日中関係の場合も同じであった。

後藤は一九二八年のチチェーリン宛書簡で以下のように述べている。「私は、日本、ソ連、中国という関係者三国の相互理解による東亜の安全保障が必要だと昔から確信している」。日ロ戦争以後、中国でもロシアでも革命が起こり、国内状態、政治体制はドラマチックに変化した。にもかかわらず、地政学的に見れば隣国同士の三角形を形成することに変わりはない。日本はこれら隣国とできるかぎり友好的な関係を築く必要性があると後藤は考えていた。

一九二七年末〜二八年初、後藤はソ連を訪問して、その指導者たちに将来の日ソ関係、北東アジア全体の情勢についての自説を展開した。スターリンと会談する際、後藤は常に、中国に目を向けるよう彼らを促していた。一九一一年の辛亥革命後、中国は事実上単一国家としての実体を失っていたが、その潜在力は依然として大きかった。

後藤はソ連の首脳に、ロシアと日本の対中政策を連携させることを提案し、これにより両国の国益が守られるだけでなく、国際関係上の両国の立場を近づけられること、それによって、特に米英に対抗できることを説いた。スターリンは日本からの来賓の話に注意深く耳を傾け、いくつか質問をしたが、具体的な返答は与えなかった。後藤の努力にもかかわらず、ここでの成果は得られなかった。しかし、地域の具体的な問題については、二人の世界観の交換という意味があった。

後藤の『日本膨脹論』も地政学的に分析されるべきである。

「二十世紀のドイツ地政学の父」と呼ばれている陸軍少将、のちミュンヘン大学教授カール・ハウスホーファーの見解によると、国家には国力に相応の資源を得るための生存圏（ドイツ語で「Lebensraum」）が必要である。「生存圏」という用語を、この意味において最初に用いたのは、地理学者フリードリヒ・ラッツェルで、一九〇一年のことであった。ヒットラーをはじめナチス・ドイツの指導者と理論家がよく使ったので、「生存圏」という言葉は侵略の別名のようになっているが、ハウスホーファーの思想とヒットラーの行動を同一視するのは間違いである。

ハウスホーファーは、十九世紀のプロイセン政治学・法律・思想の伝統に従い、ラッツェルら従来の大陸国家系地政学の研究を踏まえて、自給自足を重視する観点から生存圏を論じた。ラッツェルもハウスホーファーも、国家を作られたもの（機構、メカニズム）ではなく、生きもの（有機体、オーガニズム）と見なした。現在から見ればこの理論は神秘主義に近く、時代遅れになってしまったようだが、その擁護者は今も残っている。

『日本膨脹論』は、ラッツェルやハウスホーファーの生存圏論に少なからず似ている。有機体、人間の体と同じような存在とみなされる国家や文明は、生まれてから成人になるプロセスで拡大しているので、生存圏が必要になる。この理論は政治・軍事的侵略の意味でも解釈できるが、侵略の意味だけで解釈することは大きな間違いになる。とくに後藤のケースはそうである。

後藤は、生きる有機体としての国家を論じても、夢想家ではなく、ドイツ地政学者と同じように現実主義者であった。政治的遺言になった『東洋政策一斑』で、彼は「実際的な体験に基づいて」政策を論じている。その「実際的な体験に基づいて」という表現は、地政学のもう一つの定義と考えてもよいかもしれない。

Ⅲ　世界認識

編集部付記

一　表記は現代仮名遣い、常用漢字体に改めるとともに、文章の一部を現代に読み易いよう改めた。書籍名は『　』で示した。

一　原文にない改行やルビ、読点を付加し、小見出しを加えた。

一　原文で理解が難しい事項には、編集部による注を施し、(1)(2)……で示した。編集部の補注は〔　〕で示し、原文の（　）はそのままとした。

一　論旨と関係のないと思われる箇所は省略した。

対清対列強策論稿本

一九〇七年以前

満洲経営にあたっての清の重要性

国家は最近一〇余年の間に、武を満洲の野に用いること両次、前後年を隔て征戦の名を異にするとはいえ、それがわが東洋立国の本分の主張から出ていることについては、ともに一致して明らかであるため、わが満洲経営の用意においても、その一因に即してその二因を忘れることが許されないのは、理の当然である。ところが一般の世人の心情は、近きに蔽われて遠きを忘れやすく、世間は往々にして第二の日露戦争を危惧するが第二の日清戦争には想像が及ばない。

帝国がその本分の主張に拠って、露人の痕跡を南満洲から削って以来、冷血で猜疑心旺盛な清国人は多く集まって頭を聳《そび》やかし、機会を捉えてはその独善不遜の私欲を逞しくしようと望んで、利権回収、排外自強の説が朝野をゆるがしている。この時にあたり、清の国土において清の官民と事こまかに対応して、そのなすべき事を尽くさなくてはならないのが、実にわが満洲経営の問題である。世に満洲経営について放談する者が、この見やすい事理を後にしていたずらに露国の風雲を懸念するのを、果たして時務を知る者の見解と見なすことができるだろうか。もし露国の風雲を懸念することが、対清政策の必要性から出ているのであればまだ可であるが、単に日露再戦を憂慮する余り出たものであれば甚だ不可である。

今清国がわが国といろいろな問題について協議している意図を見ると、すなわちただただきびしい事態やはげしい要求に出会わぬよう、わが満洲経営の道がいまだ軌道に乗らないのに乗じて、宗室〔清朝当局〕はすみやかに大臣を派遣して人民を苦しめ、あたりをにらみわたしてするその指示は傍若無人である。

そうであればすなわち帝国がその経営の先手を満洲の野に制して、日露の戦血によって清国人が漁夫の利を得ることを免れる方法は、どうすればよいのだろうか。朝廷はもちろん策に手ぬかりはないことであろう。私は南満洲鉄道経営の職にあたって以来、隠忍《いんにん》してこの政略を体現することを願ってすでに数カ月になるが、不幸にして未だその端緒を与《あずか》り聴くことができていない。今や不肖をはばからず、進んで所見を略述し、それによって朝廷の参考に供しなくてはならないと感じるにいたった。

鉄道は世界人類の利器

思い起こせば今を隔てること九年前、私は当時台湾に在官しており、対岸の清国福建を巡遊したときある大官と会談した。その際、彼が何気なく質問して言った。今日露国がシベリア鉄道を経営しているのは、思うに東洋列国の将来に対する同患〔共通の憂い〕である。この件に関する貴国の所見を知らないのだがどうなのかと。私が、特に聞知するところはない、と答えると、彼はさらに問うた。貴下の私見でよいので示されよ、と。そのため私は以下のように答えた。今日鉄道を築くものは、まさに露国である。しかし他日これを用いるものは果たして誰であろうか。時運は推移し、世勢は転換する。天意は茫漠としており、誰がそれを前もって知ることができるだろうか。もし貴国の政治家に何人もの英雄が出て、旗を掲げ音頭を執る手足を備えるならば、必ず、そのいわゆる同患を同慶に転ずる方法があるだろう。わが国にとってもそれは同様である。鉄道は世界交通の利器である。必ずしも一部の国の凶器と即断して見なすべきではない、と。彼は、すなわち驚いて言葉がなかった。福建の郷紳《きょうしん》でそのことを知っている者が、近頃手紙を寄せてきて言うには、貴下の以前の壮語がついに現実にあらわれ、併せて足下〔貴下〕の手によって、露国の築いた鉄道が経営されることになったと聞いた。まさに言われたように、天意は茫漠としていることに、近頃深く感じ入っている。貴下が露国と対峙されるのであれば、果たしてどのような方針によってこれを経営されるのであるか、と。私は返事でこう述べた。満洲鉄道を経営することによって、同じ利潤を列国で分かち、地方の民物を文明の恩沢に寄り添うようにさせることは、実に我が天皇の聖意によるものである。私はただただこその意を体して微力を捧げるだけである、と。私のにわかに述べた一場の言がたまたま実現し、自分でその任務にあたるようになったことを顧みると、夜半瞑想して、まことに感慨に堪えないものがある。

他でもない。満洲鉄道に往年その努力を傾けた者が現在その権利を保持することができないならば、すなわち現在努力を傾けている者が果たして、どのような方法によってその権利を守ることができるのであろうか。もしそれでも曖昧な天意に委ねて人事を尽くすことを考えないならば、清国は自ずから利権回収論に傾くことになる。苦労した後にそれを捨てるのは、安居《あんご》して最終的に放り出すことに及ばない。南満洲鉄道経営の権利を、我々が露国から継承したのには、もとより既定の条件がある。帝国は、ただただ今後一五年の経営を弥縫《びほう》できれば、あとは手をこまねいてこれを時勢の推移に委ねるべきなのだろうか。また満洲鉄道は、ただただ時運のもたらした奇貨であるにすぎず、わが東洋立国の本分と主張とは、果てしない将来に属するものであるのか。以上が、私の職分において是非とも最初に了解していただけることを望むところである。思うにこのことは、帝国の満洲経営に精神・気迫を注ぐか注がないかの岐路となるからである。

戦わずして勝つの道

もし日露戦争の惨劇が一場の児戯《じぎ》でなく、満洲経営の問題が一時のその場しのぎのことではないとしてよいのならば、すなわち帝国は、かの冷血不遜の清国人とともに南満洲の事業に従事するにあたって、第二日清戦争を避けられる可能性が、ただただある程度に限られるようになっていることを自覚しなくてはならない。既にこのことを自認しているというのであれば、大局の方針は、所期の戦争に最も容易な経過を取らせるような計画にしなくてはならない。言葉を換えて言うならば、ここで言う戦争を容易なものにする計画というのは、つまり戦争を避けようとする方法なのである。戦争を避けようとする理由は、わが満洲経営の立脚を強固にするためである。試みに言うならば、今もし列国に帝国の満洲経営の名実に徴して、それが適切であることを承認させ、その素晴らしさを賞賛させることができれば、一旦交戦に臨んだとしても、大勢は既に我に傾いているものと言うことができる。いわゆる戦争を容易なものにする方法も、要はこれにすぎないのである。このようになっていればすなわちかの冷血不遜の輩といえども、その迷妄が自らを盲目にしているわけではないので、あえて外交を越えて戦争にいたることは決してなく、そのため戦争を避けることができるのである。戦って勝つのは戦わずして勝つのに及ばない。戦争を避けたといっても、国威が伸張するならば、わが満洲経営はあえてこれと地歩を争うものではないだろう。

清国を列国の間に孤立させよ

現在、東洋問題を口にする者は、往々にして、清国保全と言う。しかしながら六〇年来ただただこの老大国を削りとることは、実に世界の大勢である。借問《しゃくもん》する。列国のうちで、そのために大勢に圧力をかけ、保全を担任できるような余力と希望を有するものが、果たしてどこに存在しているのか。また清国分割と言う〔者もある〕。清国は世界第一の旧国である。清国人は世界最多の民族である。その歴史は、幾度か朝号を変えたけれども、その国家はいまだかつてその実質を失ったことがない。にわかに分割を説いても、究極的には空名にすぎない。いわゆる東洋問題が、どうして空名によって解決できるようなものであろうか。要するに、清国の将来はまさに、清国自身の運命が制するべきである。〔とはいえ〕必ずしもこれを推論して世間を驚動させるには及ばない。今の計画をなす目的は、保全ではなく、また分割でもないとすれば、これをどのように処するのであるか。思うにそれは清国を列国の間に孤立させることである。

日英同盟が米国・ドイツの東洋政策に及ぼす影響

日英同盟がはじめて締結されたとき、英国はもとより日露が必ず戦うと察知していたわけではない。ましてや日本の必勝などは尚更である。日本が戦勝したちまち声光が揚がるに及んで、英国はすぐさま攻守同盟を改訂し、わが新進の声勢を利用して東洋の主となり、与国の威望を布いて、チベットの問題やアフガン・ペルシア案件のような複雑な事件を着々と解いただけでなく、今や仏国はその歴世の嫌猜《けんさい》を解いて、英国と手を結ばざるをえない立場に置かれ、露国もまた排英という旧い過誤を翻して、連合することで自らの重みを増そうとするにいたった。ここにおいて英国の侮った笑いが、そのまま列国の軽重を制するのを見るのである。さてわが国は未だ同盟の力によって権衡を列国と争うことができていないのに、英国が占めえた便宜だけはこのように大きい。このように見れば、日英同盟の利用は、もっぱら英国が行うことができるもので、日本はほとんどその分に与っていないようなものである。英国人ここにありと言うべきである。日本たるものこのようにいたずらに東洋問題の処理し難きを嘆いていては、百年待ったとしてもそれを処理することのできる日は来ないだろう。

日英同盟の利用が英国の旗色をよくするようにしたことで、自ずから孤悶不安の地に立たされたのは、ドイツである。ドイツはそのため黄禍説〔黄色人種が勃興して白色人種に禍害を与えるという説〕を主唱し、白人の同情を買い、わが帝国の発展を阻止することに努め、またしきりに媚態《びたい》を米国に示している。日米間には何らの盟約も存在しないが、しかし米国ははじめから日英同盟に同情し、日本の戦勝を善視していたため、ドイツの意図や顔色などはおおむね放置して応酬しなかった。ここにおいて、独帝の雄心が世をおおいその機略が人一倍であっても、今やその孤立の地に捨て置かれ、従来列国の先頭に立っていたドイツの東洋計略の意気も、にわかに鋭鋒の露出を戒めるにいたった。この時運を帝国は決して退いて看過してはならない。戦勝の余威が天下を震わせ、列国がわが国を忖度《そんたく》する理由は、ややもすればほめすぎて過大に重んじるためであり評判は感情的すぎて、内心恥じ入ることが多い。外誉に溺れて自らを満ち足りていると見なすのはもとより駄目である。外誉を斥けて自ら小さくなるのもまた駄目である。運用の妙はまさに経世家の胸の内になくてはならない。

ただ今、米国のわが国に対する善意は是非とも迎えて、強固にすべきである。米国の同情をドイツに傾けさせることは、断じて東洋問題にとって有利なことではない。しかしながら米国大統領の地位は、もとより任期ごとに人が替わるため、これに対する国交関係の維持は、わが当局が篤く将来に留心すべきところである。

フランス・ロシアとの関係

次に、仏国は領土を東洋に有しているため、深く帝国国運の伸張に注視して疑心暗鬼となり、ややもすれば風や鶴の羽音に驚いている。この態度がやまなければ、わが東洋問題推進の一側は、常に暗澹たる浮雲に覆われるものと言うべきである。帝国たるもの、その声勢が高揚している今こそ、腹心を推して仏国の疑いとおそれを解き、穏やかに対清方略を協定して、握手の資とした方がよい。

次に、露国はたまたまわが国と怨を結ぶことになったが、しかし一場の勝負は端なくも彼我の国民を交流させ互いに理解承認させる原因となった。交戦以前の露国を忘れ、平静にこれを待つことが、ポーツマス条約成立以後における帝国の度量でなくてはならない。それを今日アラスカ沿海の漁業権問題や、あるいは樺太の国境確定、満洲の撤兵等について、ぐずぐずと細端に拘泥し、末節にまなじりを決して、まさに露人に代わって頑固の名を負うようなことは、まことに得失不償の謬計《びゅうけい》である。したがって思うに、露国はその傷がなお新しい上に〔さらに〕内訌《ないこう》、紛擾《ふんじょう》、飢饉が起こっているという現在に際して、帝国は是非とも豪放闊達の度量をもってこれと満洲経営の適切な方法を協商し、露国の要求に対しては努めて許しを与え、わが方もまた速やかに長春、吉林の鉄道を手裏に収め、さらに吉林より土們江〔図們江〕の南を貫通して韓国および南満洲の一部を包擁する鉄道の連絡敷設をあらかじめ承認させ、その間双方が誤解を生まないよう約し、手を握って長年の疑惑を解き、互いに安心して満洲の事業に従事するよう図るべきである。いやしくも露国にこれを承諾させるならば、それ以外の満洲の事の多くは争うに足るものなく、そして彼我ともに疑念と嫌悪を去り、安んじてその権域を経営することができるだろう。

このようにすれば、欧州にあってドイツの勢力はますます孤立し、東亜にあって清国は自然に孤立する。日英同盟はますます強固の実を発揮するだろう。従前の露仏の同盟はそのまま日英同盟のかたわらに平行し、これに加えて米国の味方をもってすれば、すなわち清国の排外熱のごときは弱小なる者のはかない反抗でいたずらに列国にとって公然の仇となるだろう。戦おうとしても世界の大勢は日本に身方している。戦わないとすれば日本をうかがってその命を聴かざるを得ない。そうしてしかるのち、我もまた日英同盟をよく受用したと言うことができるのである。かの清国人は久しく自強を説いているけれども、一つも自強の実を得ていない。いたずらに列国の間に猪突して、何とか利権を回復しようと望んでいるが、そもそも国運の大計にいたっては、数多の疑問が腹中に満ち怯えているだけである。わが満洲経営も、もし形勢の局面を究めることなく、かりそめにもそのままで事を進めれば、すなわち彼のあくなき求めは、はじまりに立ちいとぐちを求めて試みないところはなくなり、我はいよいよ折衝に疲れていよいよ列国の同情から遠ざかって終わるだろう。これはまさに第二の日清戦争を可能にし、かつ不容易ならしめる原因である。列国の国際関係の変動はいつも意外な機によって生ずる。智者ありといえども、どうして今日の満洲鉄道経営者が、果たして将来の満洲鉄道主持者たるべきことを保証できるだろうか。

対清政策上に於ける日露日仏協商の価値

一九〇七年

清国の国運

清国の盛衰存亡は世界の大問題である。ことにわが帝国にとって将来の国運が開かれるか開かれざるかに関わる大問題である。今のわが満洲経営にとっては、一時も観測を怠ることのできない緊切の問題である。

全欧州に匹敵する国土において、世界人口の四分の一を有し、同一人種の一系特殊な四千年の文化を保有している。支那の国運は、歴史学上唯一無二の社会現象である。欧州の一天地もしくはその他小天地模型を脱しない歴史哲学、社会学、国家学の成説は、清国興亡の運命を測定する指標としては、その真価は実際のところ乏しきにすぎる。今日談者が軽率に清国の国運は要するにただ退化衰亡の動向をとるだけだと勇断することが信じがたいのは、わずか一〇年ばかり前には、世界の列国が、清の鼎《かなえ》の軽重はまだまだ容易に問うてはならないと憶測していたことが信じられないようなものである。

世界のためにこの勝手な憶測を打破したのは日本である。帝国は日清戦争によって強名を世界に売りえたと同時に、列国は清国から諸所の租借、開放、鉄道、鉱山ないし勢力圏なるものを買い得たのである。その結果北清団匪の事変〔義和団事件〕が起き、日本はまた一場の勇名を売り得て、列国は幾多の利権と債権とを買い得たのである。

日本の売りえた強名は、もとより国家的重宝であることには変わりない。しかしながらそれは展転変形して列国の対清政策となり、東洋に還元されてわが外交に対する圧迫となるのを見ると、その経済的得失がどうかはいまだ容易に算定しがたいものがある。見よ、日露戦争は何のために起こったのか。当初清国が与しやすいことを列強の前に暴露して、露国が満洲侵略策を誘致した動因は、誰が提供したものであったか。

日本は自業自得の結果として、やむをえず、あえて再び勇名を日露戦争に売ったのである。しかしながら、その結果がさらにどのような変化をとって反動してくるのかはまだ分からない。すでにこれを日清戦後に予想することができず、今またこれを日露戦後に自警することができないとすれば、日本の勇を買い名を売る行為は、結局いわゆる士族の商法にすぎないのである。

すなわち日本が清国を破ったのは、図らざるもこの老大国の無力を世界に暴露し、かえって西力東漸《とうぜん》の觴《しょう》〔みなもと、欧米列国の進出を受け入れる道〕を啓《ひら》くことになったのではないか。となると、わが国は単に勇名を世界に売り、その利は列強の占むるところたるの危険に瀕《ひん》せざるを得ないのか。私はこれに対して二方面からの観察点を持っている。その一は経済的方面からであり、その二は外交的方面からである。

日露戦争の帰結

多くの物理的原則はまた厳密に国家の運命を支配する。物理学上の力が光となり熱となり、動となり静となり、変化循環して終始少しも増減しないように、国家的勢力もまた、戦争となり平和となり、権利問題となり経済問題となって、無限に反復するという道理は歴史哲学がこれを論証しており、物体の運動が抵抗の最も少ない方向に向けてメトロノームを刻んで進行するように、人文の勢力もまた対境抵抗力の強弱に従って一進一退する事実は、社会学者によって説明されている。露国の後援的中立と墺国〔オーストリア〕の屈従とによって、その国力を普仏戦場において消費し去ったビスマルクの事後策が逆に独墺伊の三角同盟によって、自家の恐露病を救う計画に出なかった理由は何か。この問題は日英同盟によって露国を満洲に屈せしめた日本政治家の熟考体察が必要なところではないのか。思うに力を注げば応じるものもあり、事彼に発して効果ここに現われるものもある。消長往来の機微は察しがたいとはいえ、要するにその間に一定の定理がないわけではない。これを明白に照らしてみることができないとすれば、またどうして文明政治家を必要とするだろうか。

日露戦争の勝負は、たまたま列国国際の均衡に影響し、日本がまだ戦勝の利益を享受していないのに、英国がまず大いに同盟の声価をたくみに受け、日本が自家の露仏協商に影が従うようについていかざるをえなくしたのである。日英露仏の連合に対する列国の思惑は、あるいは露国を過侮し、あるいは日本を過重し、あるいは英国の下風になびき、あるいは人道平和に与し、あるいは日本が戦争狂となることを危ぶむといった具合に、見解は同じでないとはいえ、彼らがこれを大いに歓迎するのにあえて妨害する者のなかった原因は、各々が自ら商業の利益を増進する、もしくはその害を避けるのに便利だと見なしたことに帰する。

戦の後に戦来たる。日本は、戦って露国に勝ったことがすなわち露国以上の強敵を作った原因であることを自覚する必要がある。そのために問う。この強敵は今どこにあるだろうか。いわゆる物理的法則が我々を欺かないとすれば、日露両国の戦費と互いに消耗した国力は、必ずある変形を伴って現実に現われてくるだろう。わが国と露国とは決してその反動を回避できないだろう。日露交戦の勢力《エネルギー》は現在何に変形しつつあるのだろうか。

経済的戦略の重要性

いわゆる列国国際均衡の変動は、日英露仏の連合、万国平和会議等の形をとって現われ、約の上に約を重ねる傾向は、ひたすら非戦的非軍備的意義を示すものである。これによって縮減しえた列国の不生産的資力は、何に変形されるだろうか。各種の生産力となり、富となり、商権となって、世界の市場に角逐《かくちく》するであろうことは弁を待たない。この勢力は必ずや抵抗力の強弱に従って動向が決まり、主として東洋に襲来することもまた定論の許さざるを得ないところであろう。これは不生産的戦闘力を変じて生産的戦闘力とするものではないのか。日本の最も得意とする分野を禁じて最も不得意とする分野に乗じたものではないのか。鉄血の戦はそれでも勝たねばならない。その機会は両陣の間で決せられるからである。平和の戦は勝利し難い。国家の生命力の消長は年々歳々日夜やむことがないからである。

日英露仏の連合の大局はすでに定まっている。これを入り乱れさせて世界の公然の敵となることは、一国にできることではない。帝国の急務である平和的大戦闘準備の余地は、日英同盟、日露日仏協商の利用の長短に唯一つながっているのではないのか。列国中でこれを大いに利用する者が栄え、少ししか利用できない者が衰えることは、疑いようのない理に属す。何を大と言い何を小と言うのか。例えば、帝国が日仏協商によって外資をパリに得る策は、もとより悪くはないとはいえ、そもそも小規模の利用である。帝国の力によって露国の武力が恐れるに足らないことが列国の眼前に立証され、列国は軍備の基準を低下させ、剰余の実力は変じて商権となる。帝国にとってその圧力は、単に一露国の武力とは比較にならないほどである。帝国にもし与国連合の勢いを制してこれに抵抗する策がなければ、協商の大利用を失うのである。かの外債募集の小利用もどうしてこの大失敗を償うに足ろうか。

禍は一朝一夕に出来上がるものではない。列国の商戦が陣伍《じんご》をすでに整え、旗じるしをすでに明確にしてから、にわかに兵を説き商を説いても何の益があるだろうか。今日は誠にわが戦勝に乗じて実力を養うべき機会である。帝国はまず速やかに殖産興業の武備を振るい、通商貿易の将卒を養い、平和的軍事の知識を世界に求めて、経済的戦略を練らねばならない。満洲一戦の勝ちに狎《な》れて傲慢になり、自らを英雄視していたずらに軍艦を説き、砲台を談じることだけに重きを置いて、世局の経済的循環を察することができなければ、その重んじているもののたちまち軽さを示すだろう。このことは世界の軽侮を招くだけでなく、国の基礎を枯渇させ、自ら将来の軍事行動の活力を絶やすものである。

ドイツの動静

東洋外交関係における日英露仏の連合は、帝国にもっぱらドイツの動静に目を注がざるを得なくする。近来支那満韓シベリアにおけるドイツの商権は、その発達が意外に長足であり、全東洋に対するドイツの外交は、最もわが留意に値すべきものである。

もしはじめに極論することが許されるならば、日露戦争の根本は実はドイツにあった。日露がまだ戦わない当時、日本の必敗を予想して露国を教唆したのはドイツである。その後露独共同の勢力圏を清国に拡張して実利を分捕ろうとしたのもドイツである。

さらに一歩進めて論じるならば、日露戦争の本因は実に往年の三国干渉にある。三国干渉の首謀者は実にドイツである。また黄禍論を作って日本をヨーロッパに讒言《ざんげん》したのもまたドイツである。ドイツの日本における歴史的関係はこのようなものである。今来日英露仏の連合とこれに対する米国の好感とによって、自然と憤悶の地に立たされたドイツが、今後さらにいかなる陰謀を企んでわが方に対してくるのかは分からない。今日の好形勢を利用して、この不測の禍因を閉ざすことが、どうして帝国の要務でないと言えるだろうか。

ドイツは日米関係を離間させることに努め、在米ドイツ人およびその官権新聞は皆この意見を有している。ドイツは以前自ら米国と結ぼうと望んでかなわず、今や片手では拍手もできない煩悶を抱いているが、しかしながらなお米国が他国と握手しないよう全力で努めていること、そのなりゆきは思うに極めて明白である。このことについて日本外交は注目を怠ってはならない。

日仏協商締結にあたって、新聞紙は、わが駐仏大使がドイツは東洋問題に直接関係を有していないと断言したと報じた。果たしてこれが事実とすれば、何の必要に基づいた断言であるのか。わが外交が公然とドイツを疎外する必要がないとすれば、外交官たるものがいたずらにこれらの気息を吐くのは不穏な雰囲気を国際に遺すものである。

近来ドイツの東洋政策は、しきりに親清の野心を兆し、清国政界にあってもまた、次第に親独一派の勢力が認められるにいたった。ドイツは、自費によって学校ないし図書館を清国の内地に興そうと企てているように、その意図はおそらく浅少なものではないだろう。

ドイツ勢力の東洋侵入は、わが帝国が警戒するに値するだけでなく、わが満洲経営上からも、断じて等閑に付すことはできない。帝国の対清政策が結局どのような態度をとるべきものであるかについては、必ず一定の成見のあることを必要とする。

たとえ清国の米独親善説が、日英露仏の連合に対する清国人の一場の夢想にすぎないとしても、ドイツの雄心は久しく清国を蓋《おお》っており、清国の孤危不安《こきふあん》が加われば、独清の悪因縁はあるいは結ばれざるを得ず、その形跡がすでにあらわれていることは前述のとおりである。わが方がもし居ながらにしてこれを制することができなければ、これは日露日仏協商を閑却して、ドイツのためにこれを転用逆用されるのである。果たせるかな、清国人は近来親日感情がかつてのようでなく、みだりに利権回収を呼号し、排日行動をはばからない。彼らの心情がすでに日露日仏協商に目をそむけ、日英同盟を懐疑している証拠ではないか。淵があるために魚を追いかけるのは獺《かわうそ》である。草むらがあるために雀を追いかけるのは隼《はやぶさ》である。ドイツのために清国が追われるのは恐らく日英同盟、日露日仏協商の不利用によるであろう。

わが国の対清政策

私は、わが対清外交の一方案は、日英同盟、日露日仏協商の声勢が新たに清国人を驚かせている今日にあたり、適当な手段によって清国に勧説し、列国国際の大勢に善処すべき道を諭して、その疑いを解き、そのよろこびをかき立てるよりよい方法はないと思う。わが方がもし東洋全局の平和を名分となし、赤心を推して腹中に置くなら、清国たるもの、あえて他の一国と結んで日英露仏の憎悪を買うようなことは決してできないだろう。わが方がこの計を発しなければ、他国は清国を魅了してわが国に反発させ、その反発は日に日に激しくなるだろう。この観点から見ると、わが国が世界の形勢によって清国を諭すことは、特に清国のためにするというだけでなく、また実にわが立国自衛の切要な時務なのである。わが勢力を清国に伸ばすべきか。他国によってわが勢力を清国から逐斥させるべきか。取捨あるいは屈伸の決定は実に今日にある。好機を逃してはならない。

もし対清交渉の深浅やその名義や体裁・段取り等については、当局の意によって外交局面の情況を考えれば、自ずから適切な決定があるだろう。これは第二の問題である。ただ威光を広め信用をつくる時機については、断じて今日に背くことだけはしてはならない。

わが対清政策の活動にあって、与国連和の勢がなお新たな時に及ぶことができないとすれば、いつの日か対清勢力の一頭地を余国に譲った後わが満洲経営のごときは、道はふさがり難儀多く見渡す限りのいばらの茂みがあるだけであろう。鉄道、炭鉱、販塩、漁民の小問題は、その仲裁がうまくいったとしても、わが外交の能事と誇るに足らない。本末軽重はただ当局者がこれを明らかにするにある。

戦後の国論の傾向の推移もまた経世家の深察を加えねばならないところである。実際、帝国にとっての日露戦争は、外に対して国家的地歩の発展であると同時に、内に対しては民族的品性開拓の大動機であるからである。ところが今日の時論の傾向が往々にして偏狭な功利主義をとり、戦勝の価値を追尋しようとするのに対しては、私はまことに不思議で合点がいかない。他でもない。いまだかつてなかったほどの一大義戦を尋常功利の見解によっていつわった報告をするのは、戦後帝国の対清策対列国策における世界的大本領を誤らせる原因であり、これを矯正匡救《きゅうきゅう》する方法といえば、真の経世家が最も力を入れねばならないところだからである。

そもそも日露戦争は、果たして談者の言うように、戦後すぐに戦費と戦血とに価すべきものを満洲から得て、帝国の利己心を満足させるために行われたものであるのか。

百万の遠征軍と二〇億の戦費とは、結局他人の国土を盗み、他人の経営を奪おうとするために用いられた寇盗《こうとう》の凶器であったのか。

その忠烈に鬼神を感じさせる幾万の戦血は、いたずらにこれらの野心に欺かれた一場の犠牲にすぎないのか。

今日ひたすら満洲の物的利益によって戦勝の効果を算出しようとする俗論は、要するにこれらの劣情から出たものであり、新興国の気品を辱め、一大義戦の歴史的価値を傷付けるのに、これ以上のものはない。

東洋の平和と帝国の国運

そもそも日露戦争は、全く東洋平和の維持とわが立国自衛のやむを得ないところから生じたものであり、発して宣戦の詔勅となり、動いて挙国の義憤となり、固まって陸海軍の士気となり、それらが共に世界史上の一大壮観をはげしく示したものではなかったのか。あの上下が仇を同じくして国を賭して戦ったとき、物的な損益打算が多少なりとも戦意を高下したことがあったか。講和会談にはあるいは遺憾がなくはないが、しかしこのことはいささかも世界史上の壮観に影響を与えるに足らない。宣戦の詔勅、帝国本分の主張は、ここにその面目を全うし、戦勝の効果は余すところなく報われた。この利益がどうしてただの二〇億金と比べられようか。これ以降は一国の責任として、ただただ既得の名誉を保持し、実力を培養し、自ら列国の羨望に恥じない地に立ち、世界がまだ知らない新興国の威徳は、ついには世界がまだ知らない光かがやく姿を示したことを証明するにある。思うに列国の戦争は、古来概ね物的利益争奪の歴史であり、国際上の残忍無道は、事実上常に強者の権利として認過されてきた。欧州文明の虚実を知りつくしたわが帝国は、今日東洋の一隅に勃興して、いやしくも新興文明の光華を天下にかがやかそうと望むのなら、当然天下に卓絶するという抱負目標を持ち、二十世紀の新戦勝国たる特別の風光を開く必要があるのである。轍《てつ》を履《ふ》み、過ちにさまよい、物的利益を貪って、歴史の因果を反覆するのは、一国の精神を振るって大いなる未来に向かわせるやり方ではない。百万の軍隊、巨億の費用、わが戦功は世界に記憶させれば足る。わが国は過去の遺産には執着せず、その本分の努めるべきところに努め、できれば一戦して列国の仲間に入る雄邦民族の思惑に負けないようにしなくてはならない。

新進の一小国がその覇権を東洋に定め、列強の嫉妬に妨げられなくなればすでに幸いである。それをあえて妄《みだ》りに自ら尊大となり、主我の見解、利己の説によって新植民地の生気を枯渇させている。このようにして多少の利潤を満洲から搾取できたとしても、東洋の平和、帝国の国運において結局何か益があるのか。わが大陸発展の大精神を誤り、わが新興国家の品性を損ない、世界の賞賛を世界の憎悪に代える。語にいわゆるその心に生じてその政に害ありとは、これら劣情俗論のことでなかったことはないのである。

満洲は荒廃したとはいえ、わが大陸発展の第一地歩である。東洋全局の禍福が宿るところである。これを養えば大いに利用に足り、これを失えば自ら禍するに足る。賦税と軍備はたただだわが植民政策が決定するところである。

韓国における帝国の保護策の成功は、実際空前の盛事であり、列国の賞賛するところである。しかしながら、裏面における嫉妬、競争、呪詛の深さもまたその賞賛の度合いに比例するだろう。わが国は日頃からこれに備えてすきまをなくすることが必要である。もし単に軍艦砲台〔によって〕わが備えがすでに足りていると言うのであれば、その用意は空疎なものである。韓国経営の大本は、国家的生存競争の優勝の資格を手に入れ、必ず成功し後退することのない植民政策を生物学的原則の上に立てることにあるのでなければならない。そうでなければ、わが韓国保護も、恐らくは結局は力づくで取り己を利したとのそしりと、第三国からの筋の通らぬ言説のたねを根絶させる期待を持てないだろう。私はここにはあえてその条目を羅列すべき必要を感じないが、わが保護策は常に他人が争わないことをたのみにするのではなく、自らは争うべきでない〔と感じさせる〕ところを恃《たの》みにすることを希望せざるを得ない。

日露戦後の日本は、いながらにして世界の日本となった。さらに進んで日本の世界と見なせるか否かは、ひたすらわが経世家の迫力次第である。その行程における列国の呪詛、嫉妬、中傷、迫害が時とともに急となることは、もとより予期するところでなくてはならない。ただし真の大国民であろうと望むのであれば、必ずまず自らが透明率直な度量を開拓する必要がある。陰険で嘘つきで悪賢いことは小国民の特徴である。せまい内地にあって士君子が互いに軽んじ合って、他人が良いことを成すのに物惜しみするようなことは、国運発展を阻害するものとして排斥する気概がなくてはならない。今日韓国における伊藤統監の成功に対し、朝野の親疎がともにその功労を尊敬して異言がないのは、幾らかわが国民的度量の向上を示すものと認められ、日本民族の性格の発展のめでたいきざしとして、私のひそかに慶賀するところである。

厳島夜話

一九〇七・一九二七年

伊藤博文との会談

故伊藤公が韓国の統監[1]であったとき、私もまた鈍才ながら任を南満鉄道総裁にうけ、しばしば訪れて藤公の所見を叩いた。中でも東洋の将来に関し深く憂えおそれていた。今こそ速やかに国策を確定し、支那の大局を安定させるのでなければ、重大な禍機が、あるいはそのなかに胚胎することを恐れ、心から安心することができない（これより先明治三十一（一八九八）年以来、幾回となく向島大倉別邸で公と会し、対中政策に関して、つぶさに公の国策を聴くことができた）。

明治四十（一九〇七）年初春以来、東亜の形勢はますます混沌とした状況を呈し、風雲の変は、推測することのできぬものを覚えるのみならず、当時西太后[2]はなお院政の威権をほしいままにし、しきりに米清同盟説が喧伝されるのに次いで、唐紹儀[3]が渡米して何かしでかすだろうという風聞が高かった。そこで私は一書を伊藤公に送り、内地または朝鮮の何れの地であるかを問わず、公が便宜とされる場所と時日とにおいて会見し、十二分に公の見識と思慮、明らかな鑑定を得るべき機会を与えていただきたいと懇望した。公はただちに私の懇請をいれ、すなわち明治四十（一九〇七）年五月[4]、公が京城より帝都に帰還の途次[5]、厳島《いつくしま》において面談すべき旨を回示された。

　思い起こすと厳島における公と私との会談は、私にとっては実に終生忘れることのできない一大記念であると同時に、最も傷心に堪えない思い出の種となったのである。当時公と私とは初夏の瀬戸内海の風光を賞しつつ、三昼夜にわたって全く人を交えず水入らずの縦横談を試みた。そしてその中心問題はすなわち東洋の将来、特に対支政策の決定をどうするべきかにあった。私は冒頭まず公に対して率直に問うた。最近帝国の急務である対支・対露の根本策をたて、それをもって百年の長計を決定することより緊要なものは他に比すべきものはない。そしてこの解決実行の手段としては、一代の重望を負い、責任が最も大である公爵自らが進んでその難題に臨まれるのが当然である。私はもとより愚か者とはいえ、幸いに公の断固たる決意を聞くことができれば、またつき従ってわずかばかりの誠を尽くすことを辞さないと。ところがこの時公の心中は何事か平らかでないものがあるかのように、やや色をなして言った。東洋根本策解決が緊急であるのは余（伊藤公）もまた同感である、ただし余と君（後藤）との関係において、余はいまだかつて後藤その人を無視したことはないにもかかわらず、後藤はしばしば伊藤を無視したことがあったのではないかと。

伊藤公に大陸漫遊を提案

伊藤公は早くから世に熟知されるように胸の中が淡泊であって、相手が先輩であるか後輩であるかを問わず、快談をともにして分けへだてを設けないと同時に、自らも決して歯に衣《きぬ》を着せない好論客であった。ゆえに公と私との会談は、あたかも一種の討論会のようであった。もし室を隔てて聴く者があれば、激論に加えて往々みだりにののしることがあったので、主客のやりとりは穏やかでないもののように感じられたであろう。しかしこれは公のいつわり飾らず何ものも隠さない美徳から出たものにほかならない。その地位経歴がはるかに下である私ごときが、何らの臆面もなく、極めて無造作にその心中の愚見を披瀝することができた理由もまたここにある。

私は上記のように公の意中が、すでに東洋根本策が緊切であると痛感されているのを知りえたため、さらに単刀直入に公に向かって進言して言った。閣下がもし今日の機会を逸せず、その経綸に着手されるのであれば、まず統監の地位を辞されて、単なる一個の大政治家として、漫遊の旅を大陸に試みられる意はないか。かりそめにも国家の大策を海外に立てようとするにあたって、多少とも朝鮮臭を帯びるような誤解を招起させるのは甚だまずく、思うに内地にあって元老兼政友会総裁の二役を使い分けるのとは自ずから異なるため最も周到な用意が必要となるからである。(6) 公の所見は果たしてどうなのか。

大アジア主義を説く

公は、答えて言った。上意がこれを御許しくだされば統監の職はすぐにでも辞するだろう。予〔伊藤〕もまたひそかに考慮するところがあって、曾禰(7)〔故荒助子爵〕を後任にしようと陛下に推薦の準備をしているところだ。だから君〔後藤〕の言うところには無論異存がないのであるが、しかし漫然と大陸旅行を企ててどのようにその意志を達するべきか。

私は、語を次いで言った。公の隆々の声望は内外の仰ぎ見るところで、ひとたびその身を起こして大陸に入るならば、たとえ漫遊の旅と称しても、その間に自ずから深甚微妙な意義を生ずるのは必然で、すなわち順序としてはまず中国を訪れ西太后に進んでお会いになられれば、すなわちそこに世界の大勢を語るべき機会を発見するだろう。例の米清同盟説(8)の真相はまだ分明ではないが、もし両国間にそのうち同盟ないし提携の事実を見るとしても、米国が自ら中国人に対する一切の差別を撤廃し、人種的にもあるいは法律的にも完全平等の待遇を与えるのでない限り、両国の永久の和親は成立しないはずである。この前提条件を具備しない米清同盟もしくは提携は、不合理かつ不自然な産物であることを免れないだけでなく、結局一時の施策に翻弄される結果を招き、かえって東洋の将来を危険に導く恐れがあると言わざるを得ない。ゆえに公の識見と声望とをもって、この理を尽くして西太后に語るならば、西太后は決していたずらにこれを聞き流しにはせず、必ずや袁世凱(9)等の臣僚に公の意見を伝えて諮問するところとなり、慶親王(10)その他清廷の重責に当たる者も、またこれによって大きな啓発を得て自覚心を喚起するようになるのは疑いなく、このようなやり方は表面外交上の公職を帯びた使臣に可能なことではなく、公の漫遊の旅によってはじめて期待されるべきものであり、そして中国の有力者を啓導して国際上の真の知見を会得させ、それをもって東洋人の東洋、すなわち大アジア主義(11)の本旨に悟入させることこそ、東洋平和の根本策を定める理由である云々。

このように私の大アジア主義について語を進めると、伊藤公はたちまちこれをさえぎって言う。君、しばらく言うを休めよ、いわゆる大アジア主義とはそもそも何であるか。およそこの種の論法を口にするものは、深く国際間の虚実を察せず、ややもすれば軽率な立言を為すがゆえに、たちまち西洋人に誤解され、彼等に黄禍論(12)を叫ばせるようになると。私は、大アジア主義を黄禍論の原因とさせているのは、外交術が拙劣であることに由来し、結局当事者にその人を得ないためであると弁じたが、公は容易に首肯しない。かつ言う、君の説くことにまだ意を得ないと。

そこで公と私とは、大アジア主義の趣旨利害に関して、意外の激論を闘わせることとなった。厳島における会談の第一日より第二日にわたっては、互いに論弁を譲らなかったが、第二日の夜にいたり、公はようやく私が言う大アジア主義そのものの意義に対しては、あえて同意を惜しむわけではないが、軽々しくかつ露骨に発表して他の疑惑を招くのは最もよくないとされ、その主張には賛同するが、その言動はことに慎重にすべきを諭された後、さらに私に反問して言う。君の所見は大体判明することができた、しかしながら現時の中国の政治家の中で、君の卓論を聴いて適当に理解できるものがあるかどうか、もしこれを中国の有力者に説いて彼の理解を得ず、あるいは理解を得ても、その中心勢力が微弱であるためにこの実行に堪えられないときはどうするかと。

新旧大陸対峙論の提唱

私はおもむろに応えて言った。上来述べたところは単に私の持説とするに止めず、すなわちこれを移して閣下の持論と為し、推敲して日本の国論たらしめることにある。これはまさに大勲位公爵伊藤博文が日本に健在する理由ではないか。閣下はすでに東洋の将来を察して時局の重大であることを憂えられ、今において根本的解決の機を失えば他日に不測の禍がいたることを恐れておられるのに、何のゆえに身を挺《てい》してこの難局を打開させないのか。もし中国政治家の中でこれを理解せず、もしくはこれを理解しても実行が難しいときは、是非なく第二段の方策に出るだけであると。公は言下に再問して言う。第二段の策とは何であるか。私は膝を進めて言う。それは欧州各国、中でも露独英仏と協力して、大勢に善処して、中国の安全と東洋の平和を確保することを指す。このために公の旅程を欧州大陸に進め、彼の地の有識者と応接して、談笑の間に、日中両国の特殊な関係を説明し、公自身が世界における東洋問題の第一人者であることを認めさせるのを急務とする。もちろん、この場合においても、公の世界周遊は禅門のいわゆる無一物即一物[13]を旨とし、何等形式上の使命を帯びない任意自由の旅客であることを便とし、このようにして、一方では日英同盟[14]を保持しつつ、他方ではさらに欧州大陸諸国の協力を見るようになれば、東洋のことはもって安んずるに足るだろう。なぜなら世界の今後の趨勢は、これを大処より達観すれば、すなわち新大陸と旧大陸との対峙に帰着するからで、そして欧州各国は東洋諸国と共にひとしく旧大陸として、共通の立場と利害とを有するものであるからである云々。

論じてここにいたるや、公は私のこの言に憤ったように、大喝、声をはげしくして言った。いわゆる新大陸旧大陸の対峙とはいかなる意味か、これは実に破天荒の議論である。博文は見聞が狭くていまだこのように奇異な言説を耳にしたことがない。恐らく机上の空想でなければ、すなわち痴人《ちじん》の戯言《ざれごと》にすぎないのではないか。由来何によるところがあって、この種の議論を唱道するのか。またいずれの時代からこのような見解が生じたのか。今またどのようにしてこの対策を講じようとするのかと。気色凄まじく私を難詰して滔々《とうとう》と数百言、外交史を引援して私の論旨を非難され、厳島の第二日目は、この論争のために夜半一二時をすぎて、第三日に持ち越すこととなった。

シャルクの独仏同盟論

私の新旧大陸対峙論は、前述のごとく、痛く伊藤公の頭脳を刺激したが、これに関して私は落ち着いて偽らず飾らない心底を吐露して言った。私の台湾在職当時、「クルップ」の懸賞研究論文を読過したところ、たまたまシャルク〔Emil Schalk〕の「スターツ・ウント・ナツール」〔正しくは"Natur und Staat"〕という懸賞出版中の氏の一文[15]があるのを見た。それは独仏同盟論を骨子とするもので、その大要を約説すれば、すなわち独仏両国対峙の形勢を持続するのは欧州滅亡の原因を養成するに異ならず、その結果、必ず米国に乗じられ、欧州列国は皆遂にやすやすと彼に制せられるほかなくなるだろう。ゆえに独仏両国は互いにその旧怨を忘れて協調一致の計画を立てる必要があり、そして両国の協調が成立すれば、必然的に傲慢自尊の英国に、独仏との協力が有利であると悟らせることになるだろう。これは欧州各国に新生の光輝を放つ一大原動力となるものであって、もしこれがなければ欧州の平和と発展とを将来に期待することはできない。ところがドイツはその参謀本部の存在によって、国家の強力を誇っているとはいえ、最近は経済戦争が熾烈《しれつ》を極める時代であって、新たに経済参謀本部[16]を設けなければ、実に一大欠陥であると言わざるを得ない――と。私は上のようなシャルクの論を一読して大いに共鳴するところがあり、よって特にこれを翻訳させて、児玉総督[17]をはじめ二、三人の知人に分ち、併せてその所見を集めた。

児玉総督はこの論文を閲読して後、私に語って言った。欧米両大陸が大西洋を隔てて対峙する関係は、行く行くシャルクの見るようになるだろう。しかし日本はこの間に処していかなる地位を有したらよいか、また東洋の将来は果たしていかに成り行くべきかと。私は総督の質問に接して、さらに大いに考慮すること数日数夜に及んだ。そして私はシャルクの主張にかかる独仏同盟論では規模がなお狭小に失すると思い、熟考また熟考の末ついに到達したのが、新旧大陸対峙論である。すなわち大西洋を挟んだ両者の関係を推し広げ、太平洋の両岸に国する新旧大陸を包含させることによって、はじめて日本帝国本位の世界の恒久的平和が維持され、人類全般の幸福を享有し得るべきものと信じられるもの、これが私の主張の由来である。私がどうして奇を好んでつかまえどころのない弁を弄するものか。思うに、欧亜旧大陸に対する新大陸米国の脅威はただただ時日の問題であると深く自覚したためである。換言すれば東洋問題の中心である支那の将来は、単に支那自身または日支両国の関係に止まらず、次第に世界的問題としての性質を帯びて来ようとしている。果たしてそうならば、これは対欧州問題であると同時に、対米国問題であるので、あらかじめこれに備える途は、欧州各国との協力を固くし、もって新大陸である米国を、未然に制するほかにないと認めたことによるのである。

以上が伊藤侯の難詰に対して答えた私の論旨の梗概《こうがい》である。ところが私が前記の結論を得て、これを児玉総督に復命する前に総督はにわかに参謀次長に転任され、次いで日露の戦端が開かれた。したがって私は故総督の意見を重ねて知りつくす機会を得なかったが、戦後図らずも私は南満鉄道経営の大任を拝承することとなり、偶然にも多年抱懐していた東西文明融合の事業を実際に試みるべき地位に置かれることになった。実際南満鉄道はその当初において、単なる経済機関として引き継がれたものではない。むしろその目的中に、満蒙を開発して日中両国の有機的関係を象徴すべき国策上の任務を帯有すると同時に、東西文明の融合、すなわち欧亜の両文明を連絡結合することで世界の文化的大動脈としての機能を十全にすべく使命づけられているのである。これ以前に、欧亜両大陸文明の接触を画策したものとしては、小アジアにおける露国の例がある。あるいは近東におけるドイツのように、先年ドイツ皇帝がマホメットの墓を弔《とむら》い、回教徒を激励してトルコ皇帝に打電する[18]など、暗に東西文明融合、欧亜連合、旧大陸同盟の萌芽とならないものはない。ことにドイツがバグダッド鉄道を敷設して遠くペルシャ湾に出ようとの計画[19]に着手したのは、欧亜両文明の融合を促進する上で、最も留意すべき雄図ではあるが、これを日本帝国の急速な進歩発展に比すれば、もとより同日の談とすべきものではない。

伊藤公の冷評

要するに世界形勢の推移に照らして、またこれを人文自然の情勢に考えるに、欧亜両大陸は、新大陸たる米国新興の勢力に対して共通かつ共同的な関係を有するものであり、新旧大陸対峙の姿勢は、二十世紀史上の一大事実でなくてはならない。ただただこのことを早くから看取して、予め準備を整える者は、大勢に打ち勝つことができ、そうでないものは新大陸の圧迫に苦悩してついには衰亡の悲運に陥らざるを得ないのである。このことは私がシャルクの独仏同盟論にヒントを得て、それ以来深く東洋の前途を憂慮し、自ら満鉄経営の任にあたるに及んで、微力ながら欧亜文明融合の実現に努力を惜しまないと誓った理由である。ちなみに記すと、私は満鉄総裁受任の前夜、この所信を提げて児玉伯を薬王寺前の邸に訪れ、談論が深更《しんこう》に及んだのだが、これこそ伯と私との永別の会見であり、無常迅速、たちまち幽明境《さかい》を異にするとは誰が思ったであろうか。ああ。

厳島における伊藤公と私との会談は、こうして第三日に入り、私は叙上の趣旨に拠り、主として新旧大陸対峙論のために時間を費やし、午刻過ぎより夜半一一時に及んだ。私は生来弁舌に長じないとはいえ、一誠をもって多年の所懐を披瀝したが、公は依然として非難の態度を改められない。私はこれを遺憾として力争に倦まなかったにもかかわらず、公のことばつきと顔色が和らがないのは始めとおなじである。ここにおいて私は話のいとぐちを改めて言った。

支那問題が東洋治乱の分岐点であることは、早くに閣下の熟知されるところ、私は従来閣下の教えを受けること浅くなく、不肖満鉄総裁の任を承けて欧亜文明のためにいささか貢献を期するとはいえ、不幸なことににわかに児玉伯の逝去に逢ったのみならず、時局が切迫して国家の前途を憂慮する際、閣下を措いて誰人と共に国策の回復に努力すべきかと。この時公は再びひややかにいう。「伊藤はいまだかつて後藤を無視したことはないが、後藤はしばしば伊藤を無視したではないか」と。公の意は、私が満鉄総裁就任に際して進退の決を公に問うという礼を欠いたことを記憶されてのことだろうと察した——後、聞いたところによれば、公は私に対して朝鮮鉄道経営の任務を兼ねさせ、それによって満鮮両線の統一を計り、連絡を円滑にする意図を蔵しておられた由であるが、私は自己の進退について公の一聴を煩わすべき余裕がなかったため、事前に彼此の情意通ぜずついに沙汰《さた》止《や》みとなったとか——しかも公の非難冷評は、あるいは私に対する公の得意とする一場の口頭試問であるかもしれない。公が憂国の熱誠よりほとばしり出る言葉の数々は、不敏な私といえども一々胸にあたり、かたじけなく心に思うところであるとはいえ、談論すでに三昼夜を費やして、なおまだ最終の帰結を見るにいたらない。さらに翌日または他の機会を待たざるを得ないのを遺憾としながら、私は語を止めて公の旅館を辞した。

伊藤公を再訪

当時公は紅葉渓《もみじだに》にある岩惣《いわそう》旅館に滞留され、私は白雲洞《はくうんどう》ミカドホテルにあった。私は旅宿に帰ってのち黙座して公との会談を回想するに、公はすでに対支根本策樹立の急務を痛感し、かつ空しく今日の時機を逸してはならないことを熟知されていると同時に、私のいわゆる大アジア主義にもあながち反対ではない。否、公は胸底には私と同一の信念を有して居られるものの、ただただこれを表面に打ち出すことの非なることを戒め諭されるにすぎない。また新旧大陸対峙論には多少の異議があるようだけれども、米国の将来の脅威を予見される点においては、私と同一の観察を下されつつある。そうであればすなわち公はいかにして眼前の形勢を疎通展開して、それをもって東亜大局の安定を保全されようとするのか。それを思いこれを思うとき睡眠はかえってますます冴えてきて、枕を抱いて黙想に耽《ふけ》ることやや長かった。

そうこうするうちに窓外に声があり、はじめは男女が相会して私語するようであったが、四隣シンとして音がない折柄、彼等は「後藤さん」、「後藤さん」と呼ぶように感ぜられ、また「後藤さんの宿はこの辺りであろう」という声も耳に入ってきた。さては誰かが私を呼び尋ねるのではと、戸を開けて問いただすと、その人は伊藤公に随従する日高警部（憲明）であって、他は岩惣の女中であった。日高警部は深夜の来意を告げて言った。公爵は先刻からしきりに酒を呼んでいまだに寝に就かれず、かつ今よりただちに貴下（すなわち後藤）を訪問すると言われる。もし公爵の意に任せておけば、夜陰を冒《おか》して公爵自らここに来られるだろう。これは老体の公爵にとっていささか懸念されるので、幸いに貴下の同意が得られれば、すなわち即刻再び岩惣の方にまげてご来臨を願われまいか。これはもとより公爵の命ではありませんが、公爵の足労に代えて、まげて貴下の容認を得たく推参した次第であると。私は答えて言う。それは易いことである。私はいささかも苦労するところではない。大先輩の来駕を待ち迎えるのはむしろ非礼である。後輩の私のほうから参上するのが当然である、ただちに同行しようと。

よって私は急いで再び岩惣におもむく。時は午前二時に近い。公はなお女中を呼んで酒杯を傾けていた。そして私がくるのを見ると、公は逆に諧謔《かいぎゃく》の舌を弄して、何ゆえに来訪したのかと問い、また何ゆえに平然として客のいたるのを待たなかったかと、しきりにからかうなど、例の調子で気炎《きえん》を吐いた後、周囲の女中を去らせ、やがて公と私の対座となると、公は粛然と姿を改めて言った。数日来余に語った君（すなわち後藤）の胸の内は、かつて誰かに吐露したことがあるかと。私は言った。ことは国家の重大問題であり、しかも容易にこれを理解できる人物があるとも思えず、ただただ閣下を得て初めてこれを口外しただけで、閣下以外にこれを語ったことはないと。公はさらに問うて言った。対支方策の枢要事については、君と私の両人のみが互いに知り、相許すべきである。博文は決して口外していないが、君はこれを桂[20]（故太郎公）に話したことはないのか。私は否と言った。公はまた言った。君が昵《じっ》懇《こん》の友人には。私は言った。全く語ったことはない。このような問答が数次あり、私が絶対に公以外の誰にもこれを打ち明けたことのないのを知るにおよんで、公は大いに安堵されたようで、さらに語を新たにして私に問うて言った。君は今後余からその胸の内を他に漏らしても差し支えないと承認を与えられるまで、厳に沈黙を守ることができるかどうか。

　余はもとより君の意見を盗むというような狭い心を持っていないが、事は重大機密に属するので、自然、陛下のお考えを仰がなければならない必要もあるだろう。したがって山県[21]、桂等に対し御下問の節もあるやも測り難く、早晩山県、桂よりめぐって君に洩らすことがないとは保障できない。その際万一君自身が、伊藤の言うところは実は私の進言により談論した結果から出たと放言するようなことがあれば、かえって意外な誤解をひきおこす恐れがあるだろう。これは余が特に君の真意を確かめた理由であると。私は答えて言う。貴意諒承しました。断じて他言しないと誓いますと。ここにおいて公は厳然としてすぐにその心を開いて言う。よろしい。熟慮の上、奮ってこの実行を期するべしと。

向島での会談

思い出の多い厳島の会談は、このようにして終始し、私は絶大なる勇気と信念を得た。別れた後私は満鉄本社に帰り、専ら公の国策を助け補う準備に着手しつつあったが、明治四十一（一九〇八）年七月第二次桂内閣が組織されるに当たり、端なくも私は逓信大臣として入閣することとなった。この間、西太后は崩御し、支那の国情は顕著な変化を生じ、袁世凱の地位もまた一変した。そして伊藤公はその後韓国統監の任務を解かれ、職を曽祢子爵に譲って閑地に就かれたが、ある日偶然私は公と某処で席を共にした。公は声を低くして言う。支那関係の問題が未解決の今日に当たり、かの政界上に一大変遷を来たした。これに対して君に何か腹案があるか。君にもし寸暇あれば、これより向島に赴き大いに談論したいと思うが、いかがかと。私はすなわち喜んで公の誘いに応じ、共に大倉別邸にいたり、公とゆっくり面談することができた。

もちろん向島における公と私との会談は、厳島以後の情勢について、その所見を交換することにあったが、公は言う。余は今や一個の閑翁となって、君の言うところの朝鮮臭を脱した。ひそかに思うに、海外漫遊の旅を試みるには、今日は好機である。しかも支那の現状は容易に施すべき策もなく、支那自らの力によって東洋の根本策を大定することもほとんど不可能であるようだ。したがって遠く欧州各国に巡遊して露英独仏の有識者と語り、協力解決の機運を誘導しようと思うが、君の考えはどうであるかと。私は言う。閣下が自らその身を挺して万里の客となることは、まことに皇国のために感激に堪えない。ただし現在私には別に一案がある。閣下はまず露国の宰相ココフツォフ[22]と会見される気はないかと。公は言う。それは大いに可である。しかしどのようにして彼と会見の機会を作るのか。私は言う。ココフツォフは、かつて東洋政策に関してウィッテ[23]と政見を異にし、先だって私に対して提約していることがある。〔それは〕私が一書を送って彼をハルビンに招致すれば、必ず名目を設けて極東に来ると。公は言う。君の言うことは例のごとく大仰だな。君が斡旋してもココフツォフは果たしてそれに応じて来るかどうか、にわかには信じ難いと。私は言う。閣下、試みに私に一任されよ。その成否は私が責任を負うところであり、必ず近く閣下に報告すると。

私はただちに書簡をしたためてこれをココフツォフに送致した。数週を経て彼から返電があった。それに言う。貴書簡を接手しました。来意をよろこんで承諾する。近日東露視察の名をもって出発すると。私は急いで伊藤公を訪うてこの電文の披見を乞うと、さすがの公も破顔一笑して「イヤ参った、参った、今度ばかりは兜《かぶと》を脱いで君に降参する」と非常に悦ばれ、急いでココフツォフと会見するために出立の用意を進められることとなった。

伊藤公の暗殺

こちらの方では伊藤公が陛下に伏奏してお考えを仰ぎ、そのお許しをかたじけのうすることを願うと同時に、あちらの方のココフツォフは露京《サンクト・ペテルブルグ》よりシベリアに向かい、両者はハルビンで出会うこととなり、公はすなわち明治四十二（一九〇九）年一〇月一四日室田義文[24]、古谷久綱[25]、松木直亮[26]諸氏を従え、帝都を発して征途に就かれた。当時桂公は私にささやいて言った。「伊藤公もじっとしていてくれればよいのに」と。この一行は案内として満鉄総裁中村是公[27]、および田中清次郎[28]、龍居頼三[29]諸氏もまた従った。公は道を南満に選び、到る処で内外官民の大歓迎を受け、月の二六日午前九時にハルビンに安着、先到のココフツォフを車内に招き、川上総領事[30]（俊彦）の通訳により、両政治家は対座して親密に話し合い、約半時間の後、公が下車して駅頭に到られたとき、たちまち韓兇《かんきょう》安重根[31]の狙撃に逢い、わずか二、三〇分で逝去された。当日の凶電を手にした私は、ああ上天は無情、どうして英雄の最後に冷酷であるのかと、大いなる歎きを久しくした。すでに十数年を経た今日といえども、往時を回想するごとに、衣襟を濡らさないことはない。兇報飛来の後、私は食味を感じないこと、幾日であったか知らない。鬱々憂悶、あたかも魂がぬけて自己を喪失したもののようだった。そのために亡き妻が怪しんで私を呼び醒ますこと一再に止まらなかった。

桂公との懇談

ハルビン駅頭における伊藤公の遭難は、実に国家の大不幸である。〔それが〕大損失であることは、ふだんは公を好まない者であっても歎惜《たんせき》を同じくするところで、公は終生君国のために身をもって犠牲に供すべき覚悟であったとはいえ、公を今回の一大災厄に導いた私の責任は万死も及ばない。しかも私は公と堅く約したところがあるために、誰にも公の遠征の由来を語って、自己の衷情を訴えかつ懺悔《ざんげ》することができなかったが、当時たまたま『時事新報』に掲載された桂公の談を読むと、「伊藤公がにわかに薨去されたとしても、日本には桂がある。前途をあえて憂えるに足らない」との意味を記述してあった。桂公は時の首相であり、私はその閣僚の一人である。すなわち一日私が桂公に対し特に懇談を望んだため、同公は三田邸に私を招き、〔そこで〕両人が対座してはじめて厳島以来の顛末《てんまつ》を告白した。

公はこれを聞いて最初はすこぶる憤懣の色を浮かべ、何故事前にそれを告げなかったのかと追及された。しかし私はただただ答えて言った。私はすでに伊藤公と堅く約した。約に背いてこれを閣下に告げるのと、約を守ってこれを告げないのとどちらが信用を保つものであるかと。桂公の聡明さは言うまでもない。思うに公が伊藤公の苦心を解し得ない理由がなく、国策の拡大と東洋の将来とを懸念しないはずがない。私が伊藤公に期待したところは、公が他界したためにその第一人者を失ったが、公の計慮された重大問題は、公の死によって消滅するものではない。否、故公の志業を継いでこれを達成すべく、後賢の士を待つことがむしろ痛切となるのは明瞭である。そしてこれが故公の英霊を慰める唯一の方法であることはくどく言う必要がない。桂公は伊藤公の意図経綸を詳《つまび》らかにすると同時に、深く熟慮するところがあった。そして言った。願わくば故公の遺業を承けて自ら激励しないかと。私は言った。閣下に幸いにその決意があるのであれば、なるべく速やかに円満辞職して、欧州漫遊の途に上られるのがよいと。

幾程もなく第二次桂内閣は更迭され、公は明治四十五（一九一二）年八月天皇のご許可を得て外遊の途に就かれた。私もまた公と行をともにし、シベリアを経て露都に入る日、明治大帝の病状急変の報に接し、予定を捨てて帰路を急いだが、哀しいかなその途上で崩御《ほうぎょ》の凶電を承受した。遠隔羈旅《きりょ》の微臣らはただ恐懼《きょうく》に堪えず、一行皆無言で泣いた。帰京後直ちに桂公および私は殯宮《もがりのみや》に伺候した。当時の状況は今でも目前に浮かぶ。

伊藤・桂両公の遺志

記述がここにいたると、感慨が胸を溢れて細かに記述するに堪えない。伊藤公が大志を抱いてまずゆき、公の意図を継ごうとした桂公もまたいまだ業を遂げずに半途で世を去った。日月早々として歳月は移り、天下の形勢も幾転変したとはいえ、藤桂両公の潜心計画したところは、今果たしてどうなっているのか。両公が世を去って後、十数年の間、朝野に国を憂える人士が果たして国策上にどのような貢献をなしたか。現在の支那の状態を見て、東洋の現在および将来を察すれば、誰が平然として安閑としていることができるだろうか。ことに欧州大戦後の国際情勢を観察して米国の飛躍を見るに及べば、両公の達見と雄図とに対し、慙愧《ざんき》の念なき者が果たして何人いるだろうか。現に日米移民問題(32)に関して焦燥苦慮する者などが、これを単なる対米問題として解決することが難しいのは、むしろ当然自明の理ではないか。私は自ら語ることを望まないが、先年の欧州戦後の実情を知るべく老軀《ろうく》に鞭《むち》打って世界漫遊を試みたことなども、藤桂両公に対する負債の完済を期して、幾分でもあがなうべき罪責を懺悔するための発願から出ている。

私が局外閑散の身をもって日露国交回復を切念し、群議百難の中で所信を貫徹し、ついに大正十二年春夏の境にヨッフェ(33)に勧めて熱海東京に療養させ、その間私人的折衝を重ねて大体の要領を得て、さらに場を枢要に移して他日の交渉の素地を作ったのも、結局藤桂両公の霊前に焚香供華《ふんこうくげ》するための一事業に他ならない。そしてその因縁のはじめを求めれば、厳島における伊藤公との三昼夜にわたる会談の延長と解してよい。古人の語がある。

年寒くして松柏《しょうはく》の雄勁《ゆうけい》を知ると。

故伊藤公を追懐し、併せて故桂公の晩年を想うたびに、胸裏に万感がまざまざと起こり、燈下に終宵《しゅうしょう》眠りに就けず、晨鐘《しんしょう》が耳に響いて辛うじて筆を擱《お》く。

時　昭和　年　月　日(34)である。

注

(1) 日露戦争の結果、韓国は日本の保護国となり、一九〇五（明治三十八）年一二月二〇日、韓国統監府が置かれ、翌年三月二日、伊藤博文が初代韓国統監に着任した。伊藤が韓国皇帝に譲位させ、内政全般を統監の指揮下に置いたのは一九〇七（明治四十）年七月、二カ月後の九月に厳島での会談が行なわれた。

(2) 西太后（一八三五—一九〇八）中国清朝末の同治・光緒年間（一八六二—一九〇八）の最高権力者。後藤は満鉄総裁として、西太后の死の前年の一九〇七（明治四十）年五月に謁見している。
(3) 唐紹儀(一八六〇―一九三八) 袁世凱直系の官僚。一九〇七年四月、東三省(満洲)総督徐世昌の下に巡撫に就任、利権回収を策す。後藤とは度々接触があった。
(4) 実際は九月で、後藤の記憶違い。後藤は九月二七日、伊藤は翌二八日に厳島に到着した。
(5) 実際は帝都より京城への帰任の途次で、これも後藤の記憶違いである。
(6) これは、伊藤博文が韓国統監を辞して閑職の身になることを後藤が勧めた側面もあるが、一方では、七月に韓国皇帝を譲位させ、内政全般を統監の指揮下に置く強引な韓国経営の在り方に対する後藤の批判的態度から出た表現である。八月の初旬に後藤が書いた「対清政策上に於ける日露日仏協商の価値」の最後の「附言」の中で、後藤は、強引で己を利する形の韓国経営を批判していた。ここではそういう経営の在り方を「朝鮮臭」と称し、そこから解脱すべきだというのが、後藤の考え方であった。
(7) 曾禰荒助(一八四九―一九一〇) 官僚、政治家。伊藤、山県、桂各内閣の法相、農商務相、蔵相を歴任。一九〇九(明治四十二)年伊藤の後を継いで韓国統監となり、韓国併合をすすめた。山口県出身。
(8) 日露戦争後、急激に増進した日本の極東における勢力を、米国の力によって牽制しようとして唐紹儀らが考えた。しかし米国は中国を単なる市場としか見ておらず、この同盟策は失敗した。
(9) 袁世凱(一八五九―一九一六) 軍人政治家。北洋新軍を率いて西太后と結んだ。後藤は一九〇七(明治四十)年五月、西太后に拝謁した帰途、袁世凱と会見、箸を使う民族同士の「箸同盟」を提唱して袁の賛同を得た。
(10) 慶親王　清朝第六代乾隆帝の子の慶僖親王(永璘)の系譜に連なる王家出身。西太后の政務に与る。一九〇七（明治四十）年五月二六日、後藤は慶親王邸を表敬訪問している。

（11）大アジア主義とは、「東洋人の東洋」を掲げ、日清・日露の戦役で世界に名を知らしめた日本が東洋の平和実現のために指導的役割を果たすべきだとし、具体的には日本とロシアと清朝中国との提携を目的とする大陸政策を促す主張である。しかしこの大陸政策については、日本政府、特に外務省主流派や軍部は、できるだけ列強と同一の態度をとるのを得策とし、特に日英同盟を機軸とし、英国と協調を図る方針をとっていた。その中で、伊藤博文は、中国問題については、列強と共に中国の利益を分つよりも、列強と中国との一大紛擾発生を防ぐ仲介役を日本が果たすべきだと主張していた。この伊藤の考え方を後藤は支持していたのである。一九〇七（明治四十）年九月初旬、後藤は旅順経営に関する書簡を伊藤に送っているが、その中で、「内には実業的経営を定めて対外的威制を備え、外には開放的主張を全うして新興国の新機軸を開き、内外を調和させてわが大陸発展の精力を養うことが満洲経営の大精神である」という大アジア主義を主張し、それこそ「武装の虚威を張ることをやめ、文教平和の名を正すとともに、実業教育政策によって武備の実力を充実する」こと、すなわち「文装的武備」であると主張している。後藤は「武装」と「武備」を区別しており、後藤の「武備」とは「殖産興業」である。満洲における「文装的武備」の具体的機関として、南満医学堂、旅順工科学堂、東亜経済調査局、中央試験所の設立などを挙げることができる。

（12）黄色人種が勃興して白色人種に禍害を加えるというもの。日清戦争後、ドイツ皇帝ヴィルヘルム二世が唱えた。

（13）なにものも所有しないことがそのまま真如（あるがままの真実）であること。

（14）一九〇二（明治三十五）年に締結。ロシアのアジア進出を牽制、中国と英領インドの現状維持を目的とした。一九二一（大正十）年廃棄。

(15) シャルク（一八三四―一九〇四）は著書『諸民族の競争』（一九〇五年刊）で、アメリカ（新大陸）の強大化を予言、旧大陸のフランスとドイツは同盟を結び、イギリスを巻き込んで新大陸と対峙すべきだと説いた。

(16) 経済参謀本部はシャルクの議論に出てくるが、この考え方は後藤が温めていて、後に大調査機関の構想となって示される。

(17) 児玉源太郎（一八五二―一九〇六）軍人政治家。台湾第四代総督となり、後藤はその絶大な信頼の下に台湾の内外政に辣腕を揮った。後藤に満鉄総裁となるよう勧めつつ没したため、後藤はその意を継いで満鉄総裁となった。山口県出身。

(18) 一八九八年一〇月、独ヴィルヘルム二世がコンスタンチノープルなどを歴訪した時のことか。

(19) ドイツ帝国は、ベルリン・ビザンティウム・バグダッドに鉄道を通す三B政策をとっていた。一八九九年一一月にはトルコからコニア・バグダッド間の鉄道敷設権を得て、一九〇七（明治四十）年八月三日には独露両国の皇帝・外相がバグダッド鉄道について会談した。

(20) 桂太郎（一八四七―一九一三）軍人政治家。一九〇一（明治三十四）年第一次桂内閣を組織、日英同盟を締結、第二次・第三次桂内閣では後藤が逓相兼鉄道院総裁、立憲同志会を組織するがまもなく病没。山口県出身。

(21) 山県有朋（一八三八―一九二二）二回内閣を組織。一九〇〇（明治三十三）年義和団事件収拾後に退陣、以後元老となり、伊藤暗殺後は諸内閣の死命を制した。

(22) ココフツォフ（一八五三―一九四三）一八九六から一九〇二年、大蔵次官として蔵相ウィッテを支え、一九〇四年から一九一四年まで蔵相。大蔵省の管轄下に東清鉄道があり、後藤とは親交を続けた。後にパリに亡命。
(23) ウィッテ(一八四九—一九一五)ココフツォフの前の蔵相。シベリア鉄道を延長、金本位制採用。ポーツマス講和会議に全権として出席し小村寿太郎らと折衝、ロシアに有利な講和条約を締結した。
(24) 室田義文《よしあや》(一八四七—一九三八)外交官、実業家。もと水戸藩士。外務省に入り釜山領事、メキシコ公使など歴任。百十銀行頭取、北海道炭礦汽船社長など。ハルビン駅頭で伊藤博文の死に立合う。
(25) 古谷久綱(一八七四—一九一九)官僚、政治家。伊藤博文が首相、韓国統監、枢密院議長のときの秘書官をつとめ、伊藤の死後、宮内省式部官となる。愛媛県出身。
(26) 松木直亮《なおすけ》(一八七六—一九四〇)軍人。日露戦争で歩兵第一連隊中隊長。陸軍大将まで昇進。山口県出身。
(27) 中村是公《よしこと》(一八六七—一九二七)台湾土地調査で後藤の信頼を得、満鉄創設のとき副総裁。後藤が逓相に転身した後の一九〇八(明治四十一)年一二月五日、第二代満鉄総裁となる。山口県出身。
(28) 田中清次郎(一八七二—一九五四)三井物産香港支店長のとき、後藤によって満鉄理事に引き抜かれた。一九〇八(明治四十一)年から一九一〇(明治四十三)年にかけ、日・鮮・満鉄道の連絡運輸条約締結に尽力した。
(29) 龍居頼三(一八五六—一九三五)台湾時代に後藤の秘書、満鉄創立で秘書役長となり一九〇七年(明治四十)五月、後藤の北京入りに随伴。一九一二(明治四十五)年の後藤と桂の訪露にも随行した。東京出身。

(30) 川上俊彦《としつね》(一八六一—一九三五) 外交官、経営者。外務省に入り、ウラジオストック駐在貿易事務官、ロシア駐在総領事。満鉄理事をへて、一九二〇(大正九)年初代ポーランド公使。のち北樺太鉱業、日魯漁業各社長を歴任。新潟県出身。

(31) 安重根(一八七九—一九一〇) 一八九四(明治二十七)年の甲午農民戦争で父に従い政府側義兵を起こし、同地の農民軍を破った。のちカトリック教徒となる。一九〇四(明治三十七)年、朝鮮が日本の軍事支配下に入ると、度々義兵闘争を組織、一九〇九(明治四十二)年一〇月二六日、ハルビン駅で伊藤博文を拳銃で暗殺、関東都督府地方法院で死刑判決が下され、翌年三月、旅順監獄で処刑された。義士とたたえられた。

(32) 一九二四(大正十三)年、米国は四月一五日に議会で新移民法を可決、これには排日条項が含まれていた。

(33) ヨッフェ(一八八三—一九二七) ソ連外交官。トロツキーの僚友。ドイツ、中国、オーストリアの各大使を歴任。一九二三(大正十二)年モスクワ労農政府極東代表として後藤によって日本に招かれ、日ソ間の問題について後藤や外務省と交渉を重ねた。

(34)「昭和」は「夜話」全体が書かれた時点を示すものと思われる。昭和元年は一九二六年一二月二五日から三一日までで、「夜話」全体の執筆は翌昭和二年の初め頃と考えられる。『厳島夜話』は、一九〇七年(明治四十)九月末の数日間、厳島で後藤と伊藤博文とが激論を交わした経緯を後藤が記したものがあり、おそらく後藤はこの手記を長く門外不出としていた。一九二四(大正十三)年に米国で排日移民法が成立し、日本で反米熱が高まり日米開戦論さえ唱えられるようになっていた一九二七(昭和二)年の初め、後藤は、おりしも大正天皇崩御で自ら立ち上げた「政治の倫理化運動」を自粛中、その手記をもとに執筆したのであろう。

下関行
FOR SHIMONOSEKI.

後藤新平の「武士道」論

新渡戸稲造は、後藤と知己の間柄になる以前の明治三十二（一八九九）年、米国滞在中に英文『武士道』を著した。その矢内原忠雄訳によれば、武士道とは、「武人階級の身分に伴う義務《ノーブレッス・オブリージュ》」と字義を明らかにし、西欧の騎士道《シヴァリー》とは異なった日本固有のものだとし、特に「民族的特性を極めて顕著に表現する二、三の語は国民的音色《ねいろ》をもつものであって、最善の翻訳者といえどもその真を写しだすことは困難であり……誰かドイツ語のゲミュート Gemüth の意味を、翻訳によりて善く現わしえようか。英語のゼントルマン gentleman とフランス語のジャンティオム gentihomme とは、言語的には極めて近接している。しかしこの二つの語のもつ持ち味の差を、誰か感じないであろうか」と、それぞれの国民性の微妙な差異を指摘している。

一方、後藤新平が武士道について語った記事が、明治四十一（一九〇八）年一一月一五日付『実業之日本』に載っている。それは「余の観たるルーズヴェルト氏」と題する、当時、米国大統領を辞したばかりのセオドア・ルーズヴェルト観においてである。後藤は、ルーズヴェルトが「真」の一字を唯一の武器とし奮闘した胆力のある偉大な人格者だと激賞し、米太平洋岸に起こった排日運動に対しても、日本人の面目を重んじる公明正大な態度をとったことや、米国海軍の拡張への貢献、パナマ運河開鑿という時流を見抜いた卓見を誉め称えた上で、彼には「古武士の風」があり、「銃猟を好み、拳闘を喜ぶ」という、アメリカ気風を喧伝したが、これがルーズヴェルトの「武士道」だとした。

◀後藤新平（前列右）と新渡戸稲造（前列左）

その上で、後藤は「武士道」について、まことにユニークな論を展開する。すなわち、「そもそも『武士道』というものは、これを科学的に解釈すれば、一切の生物がその生を保つ道である。窮鼠が猫を嚙むのは、鼠が『武士道』を発揮したゆえんである。英国には英国の『武士道』があり、ドイツにはドイツの『武士道』がある。そしてルーズヴェルト氏のいわゆる『武士道』は、自由を尊び正義を重んじ、国民の奮闘的生活を説き、人類の向上精神を鼓吹することにある」と述べている。「武士道」は一切の生物がその生を保つ道であるとするのは、いわゆる後藤の生物学的原則の上に、すべての生物が「自らの生を衛《まも》る」という、「衛生」思想によって解釈されたものであり、新渡戸の「武士道」論が日本に固有のものと考えるのに対して、後藤の場合は、生物一般に拡大適用したまことにユニークなものであった。

日本膨脹論（抄）

一九一六年

本書では紙数の都合上、抄録とした。掲載しなかった第二章から第四章までは、世界の思想の二大潮流である民族主義とその侵略的性格、および世界主義とその平和志向的性格とについて述べられている。第五章から第七章では、世界主義が、実は平和の仮面をかぶった民族主義にほかならないことを論証し、究極の世界主義とは何かを論じている。第八章から第十三章では、民族意識の形成について論じられているが、特に日本の民族意識については、後藤の本来的思想性にかかわる部分のみを抄録した。後藤の思想は、第十四章の結論にある、「民族、国家の有機的膨脹とは何か……すなわち大宇宙を小宇宙の中に包み、小宇宙が大宇宙の中に生存し発展する主義」に端的に示されている。

（編集部）

執筆の由来

私の台湾生活はわずかに一〇年の短日月に過ぎなかったが、私の得た経験は、私にとっては実に生涯の誇りであり、精神上の光輝である。

私はこの間において無字の書を読み、無弦の琴を弾ずる底の教訓と興趣とを得た。いまだ読まざる書を読み、かつて思わなかった理を観ずることができた。読んでしかも実証できないものを実証し、思ってしかも悟入できないところを悟入できた。かくして私の人類観、社会観、施政観、経世観のすべては、あたかも自然の権威あるもののように私の自信を力づけた。まさに世界は大学校であって、困苦は良き師友であった。

観二天地之文《あや》一悟二自然之理一

考二聖賢之書一補二未完之言一

とは、私の当時の偽らざる心情の発露である。

台湾の社会は実にこれ、延々と続いてきた三千年にわたる人類生活の活《い》きた歴史であり活《い》きた縮図である。原始より開明に至るまでの人類一切の活劇は同時同処に躍々としてパノラマのように展開されている。すなわち一方では山脈地帯には穴居民族を思い起こさせるような各種蕃族がうごめいて太古的生活を営むのを見、また一方で開港場には修交列国民が雑然として文明的生活の営みに力を労するのを見る。そして同じく文明生活といっても、その間には自ずから程度の差があり、様式の差があり、風習の差があり、性情の差があって、まことに千差万別である。すなわち、ただ歴史的に人類生活の通時的相を顕現しているだけでなく、世界的に人類生活の全姿態を展開している。したがって、われわれに生存競争の節目、天理人道の暗示、優勝劣敗の条理を悟らせ、世に処し、民を治め、道を行うゆえんの理法を会得させるものがある。

私は少壮にして医学を修め、いささか生物化育の理を究めるにしたがって、心を社会的衛生制度に潜め、しだいに国家の盛衰消長に関する因果を悟り得る感を懐き、明治二十二、三（一八八九―九〇）年のころ、『国家衛生原理』[1]という一書を世に問うたが、その際、参考としてライヒスの社会衛生学を読み、ひそかに思うに、他日さらに機会を得て『国家生理学』および『国家病理学』を著す時があればと考えた。ところがそれ以来俗事多端、また読書研究の余暇はなく、空しくその志を遂げられなかったことを遺憾とするだけであった。ついで台湾に赴任してより、私は種々の実験を得て、ますます上記の感想を切実にして一層深い興味を覚えるようになったが、私の身辺は内外繁劇を極め、ついにその望みを果たす機会を与えられなかった。

しかしながら、およそ一切の政策は、すべからく生物学的原則を基礎としなければならないという、私の年来の信念は、台湾における実物教訓によっていよいよ確かめられ、天は私に示して、人類生活の帰するところが不揃いであることによって、その性質と意義と理法とを精透に把握させ、実にそれらを解釈し身をもって察するという寵幸を下した。同時に、史学の造詣の浅い私を、最も熱心な旧世界の探討者とし、力を旧慣故俗の調査に致し、その由来を地理学的にはたまた政治学的に講究させ、それによって科学的実務の経綸に資し、よってもって国民発展の方途を誤らず、諸般の応用に過ちがないようにと覚悟させた。

近頃、私は偶然にも小野塚博士(2)の『英国に於ける帝国主義とシーリーの学説』という一書を読んだが、その中にシーリー(3)の見解として、史学は純理学ではなく応用学である。史学は政治の俗化を避けこれを指導するものである。歴史は過去の政治で、政治は現在の歴史である。政治は歴史によって純化され、高揚される。史学の価値は単に事後の教訓を与えるばかりでなく、事前に指導を与えて、政治の実際方針を誤らせないところにあるというような説が紹介されていた。私が台湾生活の実際経験より得たところと、自ら符節を合するものがあり驚きかつ喜んだ。

今、日本の歴史を顧みると、おのずから特殊な発達があり、特殊な意義がある。万代に徹し万邦に処して、全然比類のない独自独存の個別特性を具えている。この特殊な歴史は、特殊な風俗、特殊な習慣、特殊な精神、特殊な文明を織り成した。この特殊な歴史を没却しては、日本国の運命を予想し、日本国の国是を定め、日本国の政治を語り、日本国の自然な発達を望むことはできない。このゆえにわれわれは日本のことを説くに当って、常にまず日本歴史の上に立脚することを忘れてはならない。

同時にまたわれわれは、このような特殊な歴史を展開し、特殊な性格を結成し、特殊な精神と欲望とを抱くに至った超個人的存在すなわち民族、国民、種族等と称するものの意義性質、ないしはそれら相互の交渉、それらと個人との関係等を徹底的に理解していなければ、われわれは国民なり、民族なりとしてのわれわれの態度や覚悟を定めて、よくその天職を尽くすことができない。そしてこの問題を明らかにするためには、生物学的見地に立って講究を進める必要がある。

したがって本書を編むに当っても、大体において生物学的ならびに人文史的見地に拠り、平素私の胸裏に往来する所懐の一端を随想随録した。古歌に、

しるべすと醜《しこ》のものしりなかなかに　横さの道に人まどはすも

ということもあるから、取捨は読者にあって、私は誠意微言を進めるだけである。読者は予めこのことを念頭において本書を読まれるならば、片々たる小冊ではあるが、ねがわくば言が短くて旨意の長いものを会得されれば。もし幸いにしてこの書が読者に対して何らかの感興と共鳴を与え、熟慮精攻の志向を喚起できたとすれば、私にとってはこの上ない愉悦である。

大正五年二月

後藤新平

再版序

本書を初めて公にしたのは、大正五（一九一六）年、欧州の野に戦塵なお暗きころであった。顧みれば、これは八星霜の前である。今日に至って、これを再版に付して、また世に問おうとするもの、私の衷心において「悲喜交々至る」の感なきを得ない。

人生は一夢のようである。これを急激な世態の変遷に観れば、八年の歳月、必ずしも短いとはいえない。八年前の世界は、八年後の世界ではない。しかも八年前において、本書に私が公言し予想したことは、今日において、何ら改廃の必要を見ないのである。もとより私は、予言者たる名誉を要求するものではない。ただ八年間の異常な世界的経験が、私の所信をますます強くしたことを、衷心の喜びとするのである。

しからば、何をもって悲ありというのか。当時、私が本書を公にしたのは、豪語自ら高く持そうとしたのではなく、博識をもって衒《てら》おうとしたのでもない、実に当時わが国の情勢と民心の趨向とに深憂に堪えないものがあったからである。この感慨を随筆に託して、警世の一助ともしようとしたもの、すなわち本書は、もし専門的眼光よりすれば、単に反古《ほご》紙の累積にすぎないであろう。したがって、八年後に至ってこれを再び公にするなどとは、夢想だにしなかったのである。ただ二千五百年の歴史は、わが国に「国家家族主義」の哲理を啓示するにもかかわらず、民心はややもすればこの民族的精神の高貴を忘却して、ひたすら浅薄な模倣的文明に心酔しようとする萌芽を有すること、これが当時の憂いであった。もし私のこの憂いが、一の杞憂《きゆう》だったならば、どうして再び八年後において、本書を公にする必要があろうか。これ私が本書を公にして、悲に堪えずとするゆえんである。

およそ民族的精神を忘れた国民は、つねに国際的壁に突き当たる。欧州に親意なく、中国に背かれ、対露交渉は行き悩み、最近米国は排日法[4]を通過させた。国路の困難はこのようなものだ。いまこそ民族的反省の日である。民族的自覚の日である。八年前において、迷路に入ろうとしていた日本は、今日において、滅亡と隆興の岐路に立つ。当時天下に呼号しようと欲したものを、今日さらに声を大にして、民心の覚醒を促さざるを得ないのである。

国家興亡の歴史は、民族的精神の振廃にあり、世界的変遷の鍵は、民族的発達の過程にある。この真理は、本書において、すでに二百余頁にわたり、私が繰り返し説くところ、またこの再序に説く必要はなかろう。この真理は、私の長い体験が悟得させたものであるばかりでなく、未熟ながら、生物学的、社会学的、政治学的研究の到達した真理である。しかも当時において、シーレー教授の政治学が、私の結論と同一路に赴くのに驚喜した私は、最近来朝したドリーシュ博士[5]の生物哲学に、再び愕然とさせられたのである。

ドリーシュ博士の研究は、動物の実験的研究にはじまる。動物の卵の分裂中、細胞の数を増減させても、あるいは位置を転換させても、あるいはある動物を細断しても、なお完全な動物体として発育する事実を発見した博士は、結論して言うに、生物の発育は、機械的に説明できず、理学だけでは究明できず、実に「全体を完成する力」——完全性または目的力——の存在を、認めざるを得ずと、これが博士の生物学的研究の到達点であって、同時にその生理哲学の出発点である。

博士は、この生物学的発見を基礎として、言語の存在を、風俗の異同を、道徳律の権威を、そして職業的階級の意義を闡明するだけでなく、アリストテレスのいわゆる「人間は国家的動物なり」という立言を、立証したのである。万物は超個人的全体によって、個人的意義を発生する。これがドリーシュ博士の生物哲学である。

私は幸いに、ドリーシュ博士と互いに所説を検校する機会を得た。民族を離れて個人はなく、個人を別にして民族はない。個人の民族的本能が、民族的精神を基礎づけるように、民族的精神が導くところに、個人の目的と使命がある。これは大宇宙の啓示であり、同時に大思索の直観である。私は私の所説が、ドリーシュ博士の研究によって、さらに力強く裏書されたことを深く悦ぶものである。

これ以上に弁を弄するのは、本書の所説を反復するにすぎない。本書を再版に付する動機は、昨年の震災以来、青年諸君がしきりに本書を求めるもの多数であったためだが、私がこの再版を承諾した理由は、本書存在の価値が、今日にあっても消滅しないだけでなく、かえってますます増大していると自信するためである。私の社会的活動は、あるいは東京市長として自治体の発達に微力をつくし、あるいは一私人として日露復交に尽瘁し、あるいは内務大臣として政治改革を志し、あるいは復興院総裁として帝都の復興に精力を傾け、あるいは少年団団長として東奔西走するように、その行動ははなはだ多岐にわたるのであるが、一つとして本書に闡明した精神によって導かれないものはない。私の行動は悉く本書の理想実現の方便といっても、あえて過言ではないのである。必ずしも完全を自負するわけではないが、本書がいずれの日か、いずれの人に読まれても、決して自らいやしめるところはない。もって再版の序とする。

大正十三年八月二十六日

後藤新平

序

大正五（一九一六）年二月、世界大戦たけなわの頃、後藤子爵は、『日本膨脹論』を著し、私に寄せ示した。私はこれを一読して、本質的な論についてはすこぶる一致するところがあるのを知り、しかもその大処、高処より着眼し、科学的、哲学的な見地より立言し、いわゆる一世の知勇を圧倒し、万古の心胸を開拓する概あるを喜び、激賞を禁じ得なかった。

それ以来八年の歳月は、全世界の局面を一変し、われわれに数百年の歴史を、一足飛びに飛ばしめる想いをもたらした。しかもわが帝国の現状は、著者に同書改訂の必要がないだけでなく、これを当今の世論に問う必要を痛感させ、ここに再刊の企てがあるに際して、私に向って、一言を題せんことを求め来った。私は不敏にしてその人ではない。けれども私は、著者と相知ること三〇年、その進退行蔵の跡について、ほぼ知っている。されば義辞すべきではない。すなわち、いささかここに鄙見を開陳する光栄に浴するものである。

今日のわが国家経綸の上に、種々の論脈がある。第一は偏狭な国粋論者であって、彼らは日本あるを知って、世界あるを知らず。第二はうわずった世界主義者であって、彼らは世界あるを知って、日本あるを知らず。第三は純理的平和論者であって、彼らは道理あるを知って力あるを知らず。第四は武力的帝国主義者であって、彼らは力あるを知って、道理あるを知らず。第五は黄金万能者であって、彼らは富あるを知って、富を使用する人あるを知らず。そしてこの五者は、本書著者がともに謀りともに立つことを潔しとしないのである。

今もし著者の意見の先駆者を求めるならば、わが帝国に横井小楠翁(6)がある。およそ世の中に小楠翁ほど、多く誤解され、もしくは諒解されない者は少ない。翁はこの誤解もしくは不諒解の犠牲となって、半生を不幸に経過し、ついにその身を損うに至った。しかも翁の国家経綸の根本主義は、あたかも本書の所説と、軌を一にする。ただ本書は二十世紀の科学的実験と、哲学的研究との基礎に立って、語るところ詳細であり、述べるところが精確である。翁曰く「神智霊覚湧如レ泉。不レ用二作意一付二自然一。前世当世更後世。貫二通三世一対二皇天一。」と。また曰く「帝生二万物霊一。使三之亮二天功一。所以志趣大。神飛六合《りくごう》中。」と。また曰く「道既無二形体一。心何有二拘泥一。達人能明了。渾《すべて》順二天地勢一。」と。また曰く「明二尭舜孔子之道一。尽二西洋器械之術一。何止二富国一。何止二強兵一。布二大義於四海一耳《のみ》。」と。以上の断片を総合すると、小楠の規模が大であるのは、勝海舟翁のいわゆる先生胸五洲を呑み、眼一世を空しきを知るに足るの比ではない。その日本民族膨脹の根本主義について、透徹したところがあることを知るべきであろう。

もしこれを外国に求めれば、クロンマー卿などは、あるいはその人か。そして卿はその議論において、いまだ小楠の純正には及ばないが、その拓殖的経世家としては、また著者の先駆者であることを辱めない者に極めて近い。クロンマー卿は、英国の十九世紀の下半期より、二十世紀の起頭にかけて、英国の帝国建設者中の、最も成功者の一人であったが、彼は決していたずらに兵力、財力、もしくは知力をもって、弱小国、あるいは劣等民族を圧服させようとはせず、つねにアングロ・サクソン民族の、世界に対する責任観念の上に即して、その善政を布こうと心掛けた。われわれは著者の台湾、および満州における勲績が、卿のエジプトにおけるものと、その大小軽重を比較しようとするものではない。されど著者は、もし意識的でなければ、おそらくは無意識的に、クロンマー卿において、ぴったり一致するところがあるであろう。

　当今、国家の経綸を談ずるもの、蘇秦《そしん》・張儀《ちょうぎ》(7)のいわゆる戦国策士の縦横な詭策《きさく》でなければ、孟子流儀の時勢に切実でない、いわゆる高遠な理想に過ぎない。愛を説き人道を言うものは、世界を天国視し、人類を天使視し、力を語り、兵を談ずるものは、世界を地獄視し、人類を悪魔視する。かくして平和論者の落ちつく所は、忍辱叩頭《にんじょくこうとう》をもって、日本国民の使命であるかのごとくし、武力論者の落ちつく所は、侵略流武《とくぶ》をもって、日本国民の天職であるかのごとくし、そして歴史派は、故《ふる》きを温《たずね》るを知って新を知らない。理論派は新を知って、故きを温るを解しない。このように国論紛々として統一を欠き、国民は茫漠としてゆく所に迷うのは、そもそも誰の罪か。

私は本書の著者が、民族の個性を把持し、民俗的自覚を疾呼《しっこ》し、国家興亡の歴史は、民族精神の振廃にありと絶叫して、ここに大日本主義の立場を的確にして、わが大和民族の特色を解剖し、その世界に対する使命を闡明《せんめい》して、ここに日本膨脹の真意義を鼓吹するのを見て、あたかも五〇余年前、横井小楠が、大義を四海に布かんのみとの短句と、期せずして、その大主旨を同じうするを悦ぶ。私はまた明治二十七、八年役において、『大日本膨脹論』(8)を著し、いささか小楠の理想を、事実の上に、表現しようと試みたことがある。しかも顧みてこれを本書と比較すれば、月前の蛍火に過ぎない。要するに著者のようなものは、いわゆる文王《ぶんのう》(9)を待たずして興るもの、そして本書の最も権威あるゆえんの一つは、著者が書斎的空想者ではなく実行的経世家であるためである。

大正十三年九月七日

蘇峰学人

第一章　緒　論

日本民族は鉢植えの公孫樹

建国以来、遥かに遠く二千五百年の久しきにわたり、特殊な地理を背景とし、特殊な歴史を展開し、特殊な文明の綾を織り成し、特殊な生活劇を演じ来ったもの、これがわが日本民族ではないか。実にわが日本民族はそれらの特殊な背景と歴史によって、万古不易の国体と、東西無比の民族性を産み出した。のみならず、やがて世界的大発展を遂げようとする溌剌とした意気と雄図とを示している。蛇は寸にして人を呑む気概ありというが、日本民族もまたこの類いではあるまいか。

しかしながら絶海の一孤島に生い立った日本民族は、なお鉢植えの公孫樹《いちょう》を思わせるものがある。高くまっすぐに蒼穹にせまるべき偉大な素質はありながら、根底を一杯の土に托している鉢植えの身の悲しさに、思うさま幹を伸ばし、枝を張ることのできない公孫樹の姿は、これが日本民族の現下の姿ではないか。日本民族をこの狭い天地から救い出して、世界的沃野に移し植えようとするもの、すなわち私の日本膨脹論の本旨である。これを言い換えれば、第一次には世界の日本とし、第二次には日本の世界とすべき使命を遂げること、これこそわれわれ日本民族の理想であり大精神でなければならない。

わが皇室が日本民族の総御本家として悠久無比であるのは、なお公孫樹が前世界より稀に残存する名木であって、ただわが日本においてのみ生長し発育しつつあるように、真に歴史上奇蹟的美観である。われわれはぜひともこの名木を広い地球上に繁茂させるべき本然の使命を帯びているものと言わなければなるまい。しかしここに注意を要するのは、いわゆる世界的沃野にも豊富な天然および人為の肥料以外に、また種々の病菌があり、風土病があり、毒ガスがあることを忘れてはならないことである。これらの有害物を見分ける識能なくして濫りに貪欲主義に駈られるときは、かえって痩せ衰え枯れてしまうおそれがある。このゆえに世界的沃野から栄養を摂取し自己の生命を培うには非凡の努力を必要とする。すなわちわれわれは世界の文明を吸収して日本特有の文化に資せんとするためには、栄養物の良否を選り分ける識見、絶えず外から襲ってくる有害物に抵抗する弾力がなければ自ら文明病に罹ることを免れ得ない。したがって日本民族にこの識能と抵抗力とを得させることが第一の急務である。

近代文明の空虚

さて今やわれわれ日本民族の脚下には、広々とした物質文明の沃野が開けている。そしてこれを包む一見清澄な近代的空気があり、これをおおう科学万能の五色の彩雲がある。しからばこれらの心ゆく眺めは、果たして優秀な実質を湛えているものであろうか。本書で説明しようと欲する問題の端緒はこの点から発している。

いわゆる近代文明というものを念頭に浮かべるとき、われわれを衝動させる最初の刺激は、それがすこぶる華美であり、壮麗であることである。しかしながらその華美壮麗な光景は、極めて刹那的にわれわれの眼に触れるに過ぎなく、これによって受けた印象はその外観とは全く相反して、むしろ内容の空虚が一種の寂しさ、物足らなさを覚えさせる。それは譬えば、顔に脂粉を施し身に錦繍をまといながら、何となく潤いがなく温かみのない婦人に対する時のような感じである。しからばこのような特殊な感じはそもそも何に基くのであろうか。私は一言で答えて言う。それは近代文明が不自然であって不具であるためである。内部の要求と外部の生活とが調和を欠いているためであると。

いわゆる近代文明を織り成しているものは何であるか。神秘的生命の権威を認めない皮相で浅い科学である。心霊の不可思議な力を無視する唯物論である。人類の生活欲をただ物質的にのみ計算する主知的経済的人生観である。歴史を軽んじ伝統を無視し特殊な境遇を顧みない抽象的機械的無差別平等観である。人々の社会的関係を単に功利的結合として解釈する唯物的利己的個人主義である。精神的感激に生きることを忘れて、ひたすら感覚的快楽を求めようとする浅薄な享楽主義、デカダン主義である。眼前の功利を思う以外に何事もない刹那主義、便宜主義、御都合主義、その日暮らし主義である。およそこれら一切の不自然で不健康な思想は、相まって近代文明、殊に毒酒のような世紀末の頽廃思潮を醸成した。そして、この文明病は伝染性が猛烈な黴菌のように深く近代人の生活に食い入って、その葉を枯らしその根を蝕み、一種言うことのできない不安と寂莫と絶望に導いた。

生命力の弾力性

しかしながら、人間の生命欲は岩を裂く急流の水よりもなお熾烈に、なお弾力に富んでいる。生命が伸びようとする要求は何物の障害をも突き破ってその芽を吐きその根を張らずにはおかない。自然の伸長を妨げる一切の虚偽、一切の仮面を排脱しようとする努力、その結果は絶えず争闘をつづけ優勝劣敗の活劇となるのは生物界の原則である。今回の欧州戦争ももとよりこの原則を離れるものではない。すなわち欧州戦争はこれを内部的に解すれば、人間生命の活火が虚偽の文明、虚偽の平和、虚偽の結合、虚偽の妥協を破壊しようとして爆発したものである。すでに生命を失った旧い文明を破壊して最も自然な最も健全な新しい文明を創造しようとする産みの苦しみ、それがすなわち欧州戦争である。ゆえに欧州戦争はすでに生命を失うべき十九世紀の老朽文明に最後の止めを刺し、まさに開けようとする二十世紀の新鮮な文明の大誕生を助けようとするものである。

　したがって欧州戦争の終結とともに、世界の思想に一大回転を来たすことはもちろん疑う余地がない。古来、戦争は万物の母なりという諺がある。トライチケ[10]が「永久的平和を夢みて遊惰に傾く国民は疲弊困憊した老廃者である」と言ったのは、最も痛快に文明病に罹った国民の運命を予告したものである。戦争は、外科的治療としてすぐれて効果のある大手術、大淘汰にほかならない。次いで来るべきものは新生命の発見である。廃退的旧思想の革新である。

　しからば戦後の文明、すなわち二十世紀の新思想はどのような形をとるであろうか。私はここにそれを細論する必要と紙面を持たないが、思想的には功利以上に人間の結合点を求め、知識以上に情意の要求を重んじ、物欲以上に生命の神秘境を認め、打算以上に人間精神の意気と霊能とを重視する精神主義、新唯心主義、新ローマン主義が起こるであろうし、実際的には瞑想よりも科学に傾き、言論よりも実行を主とし、利害よりも努力を尊び、抽象を排して具体に行き、博識よりもさらに独創の権威を尊貴とする奮闘主義、向上主義、独創主義が起こるであろうと信ずる。要するに戦後の生活はより科学的に、その思想はより精神的に、より情意本位的に、より実際的に傾くと言うことができよう。

民族主義の勃興

そして精神的、情意的、実際的傾向は、必然的に民族主義、あるいは国家主義の観念を呼び醒ます傾向を持っている。今簡単にその理由を語ってみよう。

まず第一に精神的ということは、非唯物的であるゆえに、機械的思想に反対している。したがって人と人との関係を機械的結合、すなわち外部的結合と見ないで、これを有機的結合、すなわち内部的統一体として見るところに最も価値があり、意義があり、生命ありとする。ところが今日、われわれが実際に経験するものはこのような価値であり、意義であり、生命ある人と人との関係は、ただ同一国民または同一民族の間においてのみ見出し得る。異国民、異民族相互間には、外面的、機械的関係を認め得るほか、到底有機的、内面的、精神的な統一関係を見出すことができない。これは、精神的傾向が自ずから民族生活を尊び重んずる傾向を喚起するゆえんである。

次に情意的または本能的傾向が、一時的、偶然的な時代思想の類似や主義学説の一致などを超越して、一層本然的な国民性ないし民族性に還る傾向のあることはもとより多言を要しない。

最後に実際的傾向または具体的傾向が、なぜ国家主義または民族主義に傾くかと言えば、人間生活の実在的意義また価値を考量するに当り、すべての人類をただ抽象的に同格・同質・同類のものとみなす世界主義的傾向を排して、具体的に地理、歴史、伝統、習慣の相異から、各国民または各民族の特異性を認めるからである。すなわち政治を論ずるにも教育を行うにも社会政策を施すにも、常に各国民または各民族の特異性を念頭において、その実際上の方針を誤らないことを期する態度は、やがてわれらを自ずから国民的ないし民族的反省および自覚に誘うものである。

以上の理由によって、もし今後の思潮が精神的・情意的・実際的に傾くとすれば、それはまた当然国民主義または民族主義を喚起するということが、略々分かったであろうと思う。これを眼前の事実に照らして考えてみても、今回のように空前でおそらく絶後となるべき国際的大戦争が、国民的または民族的自覚を高調させずにおくはずはない。否、国民的または民族的自覚は近世において既に著しく高まりつつあったので、それが今回の戦争において特に露骨に現れたに過ぎないのである。

大和民族の特絶性

この時に際して、わが大和民族は果たしていかなる覚悟を持たなければならないか。世界に民族の数は多いが、わが大和民族ほど、特殊な地理と特殊な歴史と特殊な文明と特殊な性情とを持っている特殊な民族はない。すなわち日本民族ほど世界に無比な民族はないのである。詳しいことは後章で説くが、とにかく日本民族が全体として一大家族とも見るべき血族関係の上に純一無雑な結合をなしつつあること、皇室と国民との関係が、義は君臣であって情はすなわち父子のような状態にあること、いわゆる神ながらの道と称する一種特絶な現世的宗教を持っているということ、驚くべき生々発展力を有する同化的進取的国民であるということ、これらの事実だけでも世界のどこの民族にもそれに匹敵するものを知らない。このように特絶な民族であるだけに、また一種特絶な民族的精神を持っている。いわゆる大和魂がそれである。そして日本膨脹の中核もまたそれである。

ところが徳川三百年の鎖国的太平の夢を、たった四隻の黒船に撹破されてから、にわかに慌てふためいて欧米文物の吸収にふけり、それ以来五〇年の間、いたずらに西洋崇拝、西洋模倣の不見識と無自覚とを繰り返しているとは、また禍いではないかと叫ばざるを得ない。私はもとより西洋の文明を排斥しようとするものではないが、自己を忘れた無自覚な模倣に与することは断じてできない。われわれは博く知識を世界に求めなければならない。他の長所をできるだけ多く採り入れなければならない。しかしながら、それは決してそれらを模倣するためでもなくそれらに盲従するためでもない。それらを自己に同化し融合させて自己の用に供するためである。自己独自の大創造、大建築の材料に資するためである。われを彼に与えるためではなく、彼をわれに摂取するためである。われはあくまで主であって彼はあくまで従でなければならない。

現代日本人の無感覚

しかるにわが国の現状を見ると、この点について実に痛恨の念を禁じ得ない。現代のわが国は事ごとに西洋を標準にして観察し、比較し、判断している。彼に合わないものはすなわち無価値、彼に合うものはすなわち有価値、わが国民の現在は万事これである。彼とわれとの民族的相異、民族的長短を思わずにいたずらにわれを非とするゆえに彼を是とし、一概に彼を是とするゆえにわれを非とする。菅原道真のいわゆる和魂漢才の見識さえ持っていない。かくて日に月に彼を同化することを遠ざけ、かえって彼に同化される方向に歩みつつある。実にこれは不見識、無自覚の極みではないか。

私はこれを甚だ遺憾とするゆえに日本膨脹論を述べるに当たっては、まず民族とはどのようなものか、民族主義とはいかなるものか、あるいは民族的自覚とはいかなるものであるかを説いて、その大体を闡明した上で、わが国民がまさに依るべきところ、進むべき道を明らかにしたいと思うのである。ただここに記憶しておかねばならないことは、私のいわゆる民族的自覚と、かの偏狭な排外主義的愛国論とは全然別個のものであるという一事である。私は小乗道を取らず大乗道を闊歩したい。さらに権大乗門を避けて露堂々たる実大乗門に分け入らねばならない。

さて私はこのように民族、民族主義および民族的自覚を説くにあたっては、それと相対照的である世界主義が何物であるかをも併せて述べるのが至当の経路であろう。

第五章　世界主義は終極の理想

人類は理想の追求者

前二章において、私は大体世界主義的傾向の人性上、思想上、ならびに実際より見た基礎的概念を略々解明したと信ずる。本章においては、さらに進んで民族的傾向に反対するもの、もしくはそれを抽《ぬ》き離したものとしての世界主義が、果たして妥当なものであるか否かを考究し、それによって世界主義の人生に占めるべき位置と価値を明らかにしたいと思う。

人類生活の不断の努力は、結局は、理想の実現を志しているものだということができる。上は王侯貴人より下は匹夫匹婦にいたるまで、必ずや何らかの形において理想と称せられるべきものをもっている。いかにその日暮し的な人間であっても、必ずやその胸裏には意識的にあるいは無意識的に常に現在よりもより善い状態、より価値ある状態を希望し、追求し、憧憬していないものはいない。人間は決して衣食のことだけ、あるいはまた生存だけを目的としているものではない（このことは第一一章において詳述する）。もし単に衣食のこと、生存することだけを目的としているものだとすれば、現代の人間生活は余りに贅沢に過ぎ、余りに衣食が足り余っている。生存の最も安易な形式は野蛮人のそれであり、ディオゲネス(11)のそれであり、伯夷《はくい》叔斉《しゅくせい》(12)のそれである。何を苦しんで現代のような複雑、多端、多苦、多労な生活形式を要するかである。

　しかしわれわれには単なる衣食、単なる生存以上の欲求がある。小僧は番頭になることを希望し、番頭は主人になることを希望している。兵卒は下士になることを、下士は将校になることを、将校は将軍になることを希望している。なおそれ以上に、人間は人間として真に価値ある人間になることを希望している。とにかく、人間の努力が常により高いもの、より大きなもの、より価値あるものになろうと志しつつあるのは事実であって、これが理想実現の努力にほかならない。そしてその理想の極致は、真、善、美の三語によって表象される絶対普遍の荘厳世界である。

　ところがこのような絶対普遍の理想というものは、これを形式的に真、善、美の三語によって表象されるとしても、その内容は決して予め確定されているものでもなければ、また明らかに啓示されているものでもない。われわれの日々の努力、刻々の発展の中に、さまざまな姿をもって種々に具現され実証されて行くものである。換言すれば理想は単に理想としては何らの価値のあるものではない。それはわれわれの進化の営みによって、具体的に実現されつつその内容を付与されていくところに真実の価値があるのである。もし実現の努力から切り離して考えられた理想があるとすれば、それは結局蜃気楼であり幻影であり、何らの生命なき幽霊である。この理想を生命ある内容あるものと化すのはすなわちわれわれの実現力である。

理想の実現

それでは理想の実現とはそもそも何を意味するのであろうか。理想の実現とは、理想を現実にすることである。理想を現実にするとは、理想を特殊的、具体的、実際的にすることである。換言すれば、普遍的、抽象的、形式的であって、何らの生命もないアイデアルを、特殊的、具体的、現実的にし生命あるリアルとすることである。さらに切り詰めて言えば、理想の具体化、すなわちそれが理想の実現である。

さて、理想を具体化するとは、言い換えれば理想を生命化することで、すなわち抽象的、形式的な理想に生命を与えることである。理想を生きたものにすることである。理想を生きたものにするためには、もちろん理想を実際的事情に即せしめなければならない。実際的事情をそっちのけにしては、理想が現実的生命になり得るはずがない。実際的事情すなわち自己の位置、境遇、環界、事情等を切り離してしまえば、理想実現の道がなくなり、理想は依然として抽象的な幻影として宙に迷うほかはない。理想はそれを実現する人の位置や境遇や環界や事情に応じて、その中に織り込まれて特殊的に実現されるのでなければ、到底現実となることはできない。

果たしてそうならば、理想の真の実現は時間的にも飛躍を許さないものである。時間的にも、あたかも時計のゼンマイがほぐれ行くように、空間的にはあたかも蚕が桑の葉を食い行くように、順を追い、序を成して、実践実証されて行かなければならない。すなわち理想の実現は低きより高きに、近きより遠くに、周囲より遠境に、自ずから一定の段階を経て展開して行かなければならない。

したがって、もしわれわれが、自分の家族を除き、国民を除き、民族を除いて一躍最後の理想境に突入しようとするならば、それは本来不可能なことを望むもので、甚だしい誤りである。自分の身に纏《まと》っている一切の特殊的関係、特殊的境遇を除外して、一躍理想境へ飛ぼうとするものは、自己が何物であるかを知らずに断崖の絶頂より飛ぼうとする物語中の人物のように、遂に谷底へ墜落して無残な犬死を遂げなければならない。否、一切の特殊的関係、特殊的境遇を離れた人間の存在すら肯定することはできない。この意味において、各々地理、歴史、伝統、宗教、風俗、習慣などを全く異にするそれぞれ特殊な民族的生活を除外して、直ちに人類一体、四海兄弟を説こうとする世界主義は、空《うつろ》な概念に過ぎない。抽象理想に過ぎない。むしろ驚くべき偶像崇拝に過ぎない。決して真に理想の実現を志し現実の大道を歩もうとする堅実な態度より発する力ある叫びではない。赤い血の流れている生き生きした魂の叫びではない。死のごとく力なき空洞の響きである。実際に立って歩むこともしない、血の涸れた隠者の世迷言《よまいごと》である。

国際的なるものに生命なし

これは、国際的なものに実際生命がなく、弾力もなく、光彩がないのを見ても明らかである。交通機関とか建築とか衣服などの物質的、外形的なものは、異民族間においてこれを混用して共通的にできて、それほどの不便を感じないものであるが、しかも多くの場合、不調和で、滑稽な、愚観を呈するものである。試みにチョン髷《まげ》に結び、洋服を着け、蝙蝠傘《こうもりがさ》をさし、日本刀を腰にし、足駄を履いた様を想像せよ。いかに滑稽でいかに醜いものであるか。また、煉瓦造りあるいは石造りの純洋式建築と、木造のペンキ塗りに畳を敷き、下駄を脱いで上がる半洋式建築と、木造の障子、雨戸の純日本式建築との、雑然として軒を連ねる日本橋の街区を想像せよ。どれだけ不調和でいかに光彩に乏しいか。スタンブールベラないしガラタノ欧人郊外(13)、または上海などにおける白人種の国際的市街においても、また同様の愚観を見るのである。

物質的外形上のことすらすでにそうである。まして混合を許さない民族的本質に関わるものの無謀な結合に至っては、さらにさらにその無意義、無生命であると思わずにはいられない。それはあたかも各種の色彩を混合すると、何の光輝もない醜い暗褐色を得るようなものである。人類のあらゆる会合のうち、国際的会合ほど活気なく光彩なく、人に倦怠を覚えさせるものはない。また演劇などは最高芸術の一つとして、元来普遍性を具えているものであるが、わが国今日の翻訳劇なるものを見れば、それがいかに不自然不調和な醜態を暴露しつつあるかを知ることができよう。その他一切の真理の中で、国際的真理ほど無精神なものはない。これは要するに渾一《こんいっか》化を容れない単一不可分のものを強いて一つにしようとすれば、その結果は木に竹を継いだように、もとよりその間に清純な血液が循環するはずがないのである。

しかしながら、民族は永久に民族として止まろうとするものではない。民族という有機体はますますその内容を充実し、外延を拡張して、やがて人類という有機体にまで進もうとする意向を持っているものである。否、人類それ自身を完全な有機体とするまでに、民族自体の有機的性質を拡大しようとする意向を持っているものである。ゆえに人類一体、四海兄弟の観念は、民族主義の終極の理想であることを拒まない。終極の理想ではあるが、現在の世界とはよほど距離があり間隔がある。その理想に到達するには、やはり、民族的活動が、自らそこに辿り着くまでの長い歴史を蓄積しなければならない。すなわち民族的生活を飛躍して世界的生活にゆく代りに、民族的生活を発展し、拡張して世界的生活に行き着かせなければならない。世界主義は今日のところ、なお地平線の遠い彼方に隠れているものと言わなければなるまい。

第六章　世界主義に隠れた民族思想（上　政治的方面）

民族の世界的自負

世界主義とは上述のように、抽象的、空想的であって、今日のところ到底未だ実際的な生命と権威とを持ち得るものではない。ゆえに今日、一見世界主義の形をもって現れつつあるものも、表皮一枚を剥落してその内容を窺えば、その実は民族主義の真紅の血が盛んに鼓動しているのである。

ある民族が、他の民族よりも卓越した優勢と力量を得て、偉大な民族的自負心を有するようになったとき、わが民族は人類の最高典型であり、文明の最高代表であるとの自負を有するようになったとき、わが民族は全人類の支配者として統治者として、世界経営の大任を帯びるものであるとの信仰を抱くようになったとき、その民族は自ら世界主義者であると認めるようになるものである。しかしながら、これらの民族のいわゆる世界主義は地球上の全人類を決して平等に考え、あるいは同一階級の同胞と感ずるのではない。全世界、全人類は、自分たちのみによって統一され、支配され同化されるべきもので、それがまた当然全世界、全人類の幸福であると考える。かの英国人の自負心、驕慢心《きょうまんしん》は実にこれに属するものであって、自由貿易論の主張なども、まさにこの種の迷信を含んでいないとはいえない。

これらの自称優等民族は、常に自分たちをもって、特に選ばれた民族であると考え、選ばれた国民として世界を支配し、統一し、同化して、文明の恩沢に浴させてやる義務があると考える。そしてそれは最も正しい人道であり、また全世界の人類に恩恵を施すことでもあると考える。彼らは必ずしも権謀や、政略や、偽善的にそう感ずるのではない。そのある者は心から真面目にこれを確信しているのである。その考えが驚くべき民族主義、僭越な民族的自惚れであることを自覚しないで、自分では立派に世界主義者、人道主義者に成りおおせたものと独りぎめに決めこんでいるのである。私はこれを民族本能の世界主義的錯覚と呼ぶ。まさに甚だ露骨な民族思想の姿を、最も麗しい世界主義であるかのごとく錯覚しているのである。

英国民の自分信仰

今日、この種の傾向を最もよく代表しているものは英国民である。英国民は、自らが人類理想に到達する最良唯一の開拓者、先駆者であると信じ、諸外国民が英国民のこの信仰に対して異議を挟むとき、英国民自身は到底その理由を解することができない。彼らは思うに、われわれ英国民は世界のあらゆる国民に対して文化と自由とをもたらした。われわれは世界における唯一の人類の貢献者である。われわれによって人類は高められ、世界は教化された。諸外国民から見れば、われわれは恩人でなければならない。諸外国民はわれわれの努力に対して、感謝を捧げなければならないと。このように英国人は感じている。これは他の国民から見ればむしろ笑うべき自惚れである。自分免許である。しかし英国人はあくまで正当な権利、正当な主張としてそれを信じ切っている。ゆえに英国民のこの主張を否定し、英国民の世界統治の運動を阻害するものは文明の冒涜者《ぼうとくしゃ》、人道の仇敵、平和の攪乱者であると認め、武力に訴えてこれを征伐して懲らすのも、決して差支えない正当な事業であると考えている。そして広い世界の中には英人の錯覚に裏書して、いわゆる二大政党対立論を謳歌し、功利的個人主義を崇拝している国民もある。ただし、建国以来最も尊厳のある大精神大信念を有する大和民族の中には、恐らくこれら打算的な偽善的錯覚に付和雷同するものはあるまいと思う。

米国人は初めての外来の客に対しては、必ずまず米国民に対する感想を聞くのを常とする。ところが英国人にあっては決してこのことがない。思うに英国民は世界最優良の国民であって、もとより外人などがかれこれと批評する限りではない、と彼らは自惚れ切っているからである。米国人にはまだ確乎とした国民性というものがない。したがって国民的な自惚れが少ないから、常に他の批評に興味をもつ。しかし英国民にあっては、他の批評を許さないほど民族的感情が強烈で、国民的自負心が高い。もし他民族または他の国民からその自負心を傷つけられ、自分より同等ないし自分たちに近い優等民族が出現したとすれば、彼らは全力を挙げてこれを蹴落とそうとする。英人のドイツ嫉視や、英米独人たちの対日感情も概してこの種の錯覚が大いに禍をなしているのである。

ドイツの民族主義を最も良く代表しているものは、「世界はドイツ国粋によって治療されるべし」というヴィルヘルム二世(14)の絶叫に現われた精神であるが、英国民にとってはこのようなことはもとより自明の理で、特に言うまでもないことだと思っている。世界は英国粋によって治療されるべしとの信念は、クロムウェル(15)以来国民の先天的に抱懐しているところである。国民的気概としては、むろん日本人もある程度まではこの自信が必要であるが、排他的唯我独尊主義はその限りでない。

英国における平和論者の感情を解剖するとき、われわれは一層興味ある事実に逢着する。

英国の平和論者は、口を開けば常に平和々々と叫んでいるが、しからばその平和とは一体何であるか。それは英国を傷つけるような異民族の発展は不可であるとすることである。英国の世界統治、大英帝国の建設、これを阻害するような異民族の一切の行動を非であるとすることである。すなわち英国の平和論者のいわゆる平和とは、英国のための平和、英国を中心とした平和、英国の世界統治を安全にする種類の平和、英国民から考えて最も都合のよい意味での平和である。ゆえにかりそめにもこれと異なる意味において平和を説くものがあれば、彼らにとって、それは有害な平和、あるいは侵略的とさえ見なされる。ゆえに彼らのいわゆる平和なるものは、その実、民族的利害感情の露骨な表白に過ぎないのである。

ローマとドイツの世界統治主義

このような民族的世界主義は、かつてローマ国民の間にも著しく発達した。ローマ国民は総ての異民族を野蛮視し、劣等視し、彼らの武力と文化とによって、これらを征服し、支配し、同化することは自国の大いなる天職であるとさえ考えた。ローマ人の世界統一の夢、神聖ローマ帝国建設の夢は、このような信念の下に最も麗しいものとして、常に彼らの胸裏に宿っていた。彼らのこの大いなる夢は、その同化力の欠乏のために儚くも破られてしまったが、なおかつ、ローマ教会という別種の姿をもって、今日に至る覚束ない余命を保っている。

ローマ教会なるものが一見世界主義的なものでありながら、その中に一種の民族的思想を包蔵していることはまぎれもない事実ではないか。

　ドイツ民族が極めて民族的精神に富んでいることは、世界周知の事実であるが、やはりまた民族的世界主義を抱いている。これは前に引いたヴィルヘルム二世の「世界はドイツ国粋によって治療されるべし」という一句にも躍如として現れている。しかし未だ英国民のそれまでに確乎たる信念とはなっていなかった。のみならず、英国のそれが外延的であるのに対して、内面的な傾向がある。すなわちドイツの教養ある人々は、ただ単に外延的に世界の到るところに自国の国旗を立て、自国語を用いさせるだけをもって理想とはしていない。彼らは彼ら特有の文明、特有の思想をもって世界を同化し、征服しようとする精神的要素を持っている。さらに彼らは自国の国粋というものを、固定的に、既成的に考えず、永久に、不断に改造し、発展し、創造して行くところに大いなる意義と価値を認めようとしている。フィヒテ(16)によって代言された、この無限無窮に改造の努力を続けて行く精神、これがドイツ魂の奥底を貫流する一道の大動脈である。この点において英国民が外延的形式的世界主義者であるのに対して、ドイツ国民が内面的、内包的世界主義者であることを示すものである。また英国民がすでに老熟し、完成された民族であるのに対して、ドイツ国民が新興的未完成的民族であることを示すものである。

英国流の外延的世界主義、または外延的膨脹主義とドイツ流の内面的世界主義または内包的膨脹主義とは、実は表裏の関係を有するもので、一を離れて他の目的を全うできるものではない。外延的膨脹の依って立つ処は内面的膨脹であり、内面的膨脹は外延的膨脹を待って完全に実現される。この二者が常に並行して進まなければ、決して真に民族膨脹の目的を達し得るものではない。これは実際政治家の念頭にしっかりと記憶にとどめて忘れてはならない民族発展策の根本的要諦である。

民族は人類に至る道程

このように民族が世界的であろうとする要求、または世界的民族であろうとする要求は、古来かりそめにも自ら優強であると信じた総ての民族が抱懐している理想であって、ただに英国やドイツに限ったわけではない。中国人が中華をもって任じ他を夷狄《いてきし》視するのもこの類に属する。今日、われわれは到るところに汎党《はんとう》なるものを見出すことができる。曰く汎露主義者、汎仏主義者、汎イタリア主義者、汎米主義者、そして汎日本主義者、汎アジア主義者、これらは主として自国民の外延的世界膨脹を唱える人々であるが、いずれも各民族の世界的要求を認識させようとしているものである。率直に言えば、汎党を持たない国民はほとんど前途に希望を持たない劣弱国民であるか、そうでなければ疲憊《ひはい》老朽して民族的元気を失った国民である。すなわちおよそ優勢な国民は、必ずある意味において世界主義者である。しかしながらその世界主義は、結局は民族的要求の発現、または変形に過ぎないことを知らねばならない。同時にまた民族は人類に到る道程であることを知らねばならない。

そのように民族は人類に到る道程であり、したがって諸民族が各々世界的であろうとする要求を抱いている以上、その当然の結果として、諸民族間に競争が起こらねばならない。この競争はもちろん平和的であるばかりでなく、また戦闘的である。こうして諸民族間の関係は、永久の、そして絶対の敵対関係とならなければならない。これは思うに人類社会の構成、民族の本然性に基づく必然の結果であって、いかんともしがたいものである。したがってこの敵対関係は決して一時的、偶然的なものではなく、永遠にわたって反復されるものである。

けれどこの敵対関係は、常に露骨に表面に現れるものとは限らない。否、時としては、そのために却って一種の平和状態を見ることがある。最近の国際間の友好関係は、実際それが敵対関係の消滅を意味するものではなく、緩衝の意義を有し、むしろ敵対関係を予想して初めて意味あるものである。今、国際間の友好を解剖すると、二つの場合がある。一は敵対の停止または延期で、他は第三者に対する共同の敵対関係から生ずる一時的、便宜的結托である。かくて列国間の勢力が均整を保つ場合には、しばらくの間は世界的平和が実現されたかの観を呈する。しかしながらこれは一時的、便宜的なものであって、情勢の変化とともにいかようにも変遷して行くものである。何個かの鶏卵を互いによりかからせておくように、その中のただ一個にある種の動揺が起これば、たちまち全体の勢力均衡は破れて、形勢一変を来たさざるを得なくなる。

仮面的世界主義

さらにまた、功利的打算的世界主義、または平和主義を見ることがある。たとえばすでに所有したものの上に、さらにより以上を所有することに最早困難であると感じた民族、あるいはすでに疲労し、衰弱した民族、微力で到底他に対抗する力がないことを自覚した民族などが、しばらく敵対行為の猶予を欲するような場合である。このような民族においては、打算上、政略上、一種の平和主義、または世界主義を唱える。しかしながらこの場合、彼らは決して敵対心が消滅しているわけではない。やがて適当な時機を得ることができれば、たちまちその仮面を脱いで猛烈な民族主義者となり、あるいは侵略主義者となることを辞さない。またたとえば軍備制限論を説き立てて虚偽の妥協政策を唱える輩などもこの種類に入るべきものである。ゆえに文装的武備(17)は常に活きた真理とならざるを得ないのである。

必ずしもこのような場合に限らず、世界の勢力均衡上の関係より、みだりに排外主義、侵略主義を暴露するのは危険であると感じ、あるいは民族各自特有の種々の利害的打算から世界平和を説く場合がある。今日、各国の政治家、外交家ないし新聞記者などが、外交政策上の問題について盛んに慣用する常套文句を見ると、曰く世界平和のため、曰く人類幸福のため、曰く各国共同の利益のため、曰く文明進歩のため、曰く人道擁護のため、曰く何、曰く何、すべてこれは全世界の平和、全人類の幸福を前提としている。しかしわれわれはそこに巧みに隠匿された、彼ら自身の欲望と、利益と、敵対思想とを見逃すことはできない。同時に彼らが外交的辞令の裏に隠しているそれらのものは、互いに相容れることのできない、各自特異のものであることをも、また見逃してはならない。彼らの慣用語は、その実装飾であり、仮面であり、偽善であると見なして差支えない。

しかしながら、彼らは必ずしもそれを意識して語っているのではなく、むしろ真面目にそう考えているのである。いわば民族的本能そのものの催眠状態に陥りつつ当人たちはそれを意識しないでいるのである。この種の世界主義的傾向を、私は仮面的世界主義と名づける。

このように観てくると、今日、外観上世界主義的と見えるものも、その実は民族的精神の変形に過ぎないことを知ることができよう。同時にまた、民族的精神は優勢な民族ほど強烈であって、反対に亡国の民族ほど比較的容易に、純正世界主義の帰依者または負担者たり得ることを知ることができよう。結局、民族的と世界的との両主義は、互いに表裏的関係を有し、厳密に区分できないこと、あたかも寒熱二なく、太極は無極であるごとくである。しかるにいたずらにその一端に執して各所見を主張するのは迂闊であると言わなければならない。

第七章　世界主義に隠れた民族思想（下　文化的方面）

学術・芸術・宗教と国境

一般に学術や、芸術や、宗教等には、国境がないと言われている。その意味は、これらのものは、人類に共通普遍なある性質に基くものであるから、時代の相違、国の相違、民族の相違などによって区別されるべきものではない。すなわち元来が世界的なものである。なるほど前にも言った通り、学術、芸術、宗教等は人類の普遍理想である、真、善、美をその対象とし、人類の普遍性である理性、美意識および道徳観念をその基本としているがゆえに、一面においては確かに世界的であり、したがってまた世界主義的傾向の有力な支持者である。しからばそれらのものは、全然民族的特異性を超脱しているものであろうか。そこには少しも民族的要求の、特殊な調子と、色彩とを見出し得ないものであろうか。私は断じて否と答える。乞う、しばらく私の言う所を聞いてもらいたい。

まず最も普遍的、抽象的であると見られる学術について見ると、いずれも同一なる理性の、論理的法則に支配されてはおりながら、英国には英国流の学術があり、ドイツにはドイツ流の学術があり、フランスにはフランス流の学術が、米国には米国流の学術がある。同じ科学でも、たとえば米国や英国のそれは全く経験的、帰納的であって、事実の観察、実験、分類を主とし、また、実際的、功利的応用を主としている傾きがある。したがってすこぶる常識的であり、便宜的ではあるが、深みと確かさとが乏しい。これと異なって、ドイツのは同じ科学でも総合的、演繹的な点があって、実験、実証はもちろん重んじているが、しかし単に観察し、分類するというだけではなく、さらにこれを一層根本的な立場から説明しようとする傾きがある。すなわちドイツのは、英米のそれが常識的、便宜的であるのに対して、哲学的、根本的なところがある。深みがあり、確かさがある。またフランスになると、一方には妙に分析的、解剖的な点があるにもかかわらず、他方においてはすこぶる直観的、詩的、神秘的なところがある。これは実証主義の親玉と言われるオーギュスト・コント[18]がその晩年において、一種の人類教といった宗教を説き出したのに徴しても分かるし、パスカル[19]、ポアンカレー[20]やベルクソン[21]のように数学ないし科学の大家が、一方において極めて直観的情意的詩的な神秘思想を抱いているのを見ても推知される。

各国の哲学と芸術の特徴

さらに転じて、科学よりは一層情意的、主観的分子を含有することが多い哲学の範囲に入って見れば、ますます民族的特徴が著しく眼に映ずる。われわれは超世的、脱俗的、隠遁的なインドの民族性を離れて、ウパニシャッド哲学[22]や、仏教の哲理を理解することはできない。楽天的、審美的、調和的、現世的なギリシアの民族性を知らないで、プラトン[23]の思想やアリストテレス[24]の哲学を理解することはできない。法治的、官僚的なローマの民族性を解せずして、その法理哲学を考えることはできない。カント[25]の批評哲学は理知的、弁証的、批判的、系統的なドイツ民族の特産物でなければならない。ミル[26]やスペンサー[27]の経験哲学は現実的、常識的、功利的なアングロサクソン民族の特産物でなければならない。ジェームスのプラグマティズムは実際的産業主義の国民である米国人の特産物でなければならない。ベルクソンの直覚的、創造的哲学は神経のデリケートな、情緒的な、芸術的なラテン民族の特産物でなければならない。そこには各々厳然たる民族的精神の発露を見る。学術といえども絶対に国境がないとは言えないのである。

殊にホッブズ[28]、ロック[29]、ヒューム[30]、ミル、ダーウィン[31]、スペンサーなどの諸学説が、さまざまな形において各種の方面から英国の功利的、個人主義的社会組織を反映していることを思うとき、クザーヌス[32]、ライプニッツ[33]、ヴォルフ[34]、カント、ヘーゲル[35]、フィヒテ、シェリング[36]、ショーペンハウエル[37]、ハルトマン[38]、ロッチェ[39]、ニーチェ[40]などの諸哲学が、いずれもドイツの民族的精神を体現し、その国家主義、軍国主義、あるいは統一主義、官僚主義の礎石となり、支柱となっていることを思うとき（ヘーゲルの哲学がプロシア的であるよりは、むしろプロシアがヘーゲル的であるなどとも言われる）、またデカルト[41]やパスカルやベーメ[42]やベルクソンなどにおける心霊上の二元的傾向が、フランス国民の信仰と理性、旧教的精神と思弁的精神、ローマ的官僚主義と個人的悪魔主義、理化学的実証主義と直観的神秘主義とを極めてよく表彰していることなどを思うとき、われわれに一層如上の感を深くさせるのではないか。

芸術方面に至っては、ますますこの感の深いものがある。文学といい美術といい、いずれも一面においては、人類の全体に共通の情感を与えるものではあるが、しかし他面においては各民族特有の性情を、最も代表的に最も雄弁に流露し表現するものである。すなわち民族的精神より咲き出づる花であると言っても過言ではない。

インドの芸術、中国の芸術、日本の芸術、ギリシアの芸術、英国の芸術、フランスの芸術、イタリアの芸術、ドイツの芸術、ロシアの芸術、それぞれ特殊な民族的色調を伝えていて、到底これを混合することはできない。ホーマー[43]とか、ダンテ[44]とか、シェークスピア[45]とか、ゲーテ[46]とか、トルストイ[47]とか、馬琴[48]とか、近松[49]とかいうような最も超民族的な人類的普遍性を大量にもっている天才の作品といえども、仔細にこれを観察すれば、そこに現れる各々特殊な民族的色彩を認めずにはいられない。ドストエフスキー(50)のような、ツルゲーネフ(51)のような、ゴーリキー(52)のような、トルストイのような、いずれも一面においては最も世界的な、コスモポリタニックな調子に富んでいる作家であるが、しかし誰が彼らの作品をもってロシア的ではないということができようか。スラヴ民族一流の不思議な暗い、憂鬱な、宗教的な、同時に世界主義的な気分と切り離した彼らの作品は一種の謎でなければならない。ダヌンツィオ(53)の爛熟した感覚の文芸、ヴェルレーヌ(54)の退廃的、淫楽的であって、しかも中世的、旧教的な象徴文学、イェーツ(55)の東洋風な、自然的であってしかも超越的、神秘的な文学、みなそれぞれイタリア、フランス、アイルランドの各民族性を遺憾なく発揮している。わが奈良朝の文学、平安朝の文学、江戸時代の文学、また各々その形式を異にしているとはいえ、到底日本民族を離れては考えられない特質をもっている。これらのことはもちろん絵画、彫刻、建築などにおいても同様であって、改めて説くまでもあるまい。

宗教と民族主義

最後に宗教に至っては、ますます民族的特徴が顕著であることを認めざるを得ない。ギリシアの多神教、ユダヤの一神教、インドの汎《はん》神教、いずれもみな各々その民族的特色を発揮している。のみならず、いずれの民族でも、自分たちの奉仕する神を最も高い神、最も正しい神、真の神であると信じ、異国人の神は劣等の神、あるいは誤った神すなわち邪神であるとする。そして自分たちは自分たちの奉仕する神より特に選ばれたものであると考えている。このように選ばれた民族の観念は、往時イスラエル民族において最も旺盛であって、彼らは自分たちの奉仕する神の意志を、あらゆる民族の上に示現すべき、重大な使命を帯びて、神の特別な思召しにしたがって地上に降ろされた民族であると考えていた。このような信仰は、独りイスラエル民族に限らず、比較的原始時代の民族が一様に抱いていたところである。平田篤胤[56]が、「日本は万国の祖、皇室は万国の主」と言い、「神道は万国の道」と結んだところにも同様の信念の横溢を認め得るではないか。

もし異国より伝えられた神を奉ずる場合には、各民族はそれをしだいに自国の神に改造し、あるいは自己特有の色彩をもってこれを染め出す。すなわち自己の面影を神に投与して、これを自分の民族的理想の支持者または負担者にするのである。わが国において、行基[57]や伝教[58]や空海[59]などが、毘盧遮那仏《びるしゃなぶつ》を天照大神に、本地三尊を日枝の神に、天竺の古事を天の岩戸に結びつけたりして、いわゆる本地垂迹《すいじゃく》ないし両部神道を唱えたのも、親房[60]や兼良[61]などが儒教を神道に結びつけて、智、仁、勇を三種の神器に配したのも、山崎闇斎[62]がやはり同様の態度から垂加神道を説いたのも、異教同化の一例である。

しかしながら宗教はその性質上、往々にして民族の膨脹よりも一層速やかに膨脹し普及する。その結果として一つの宗教が、幾多の民族によって共通に奉持されることがある。この場合には、各民族がいずれも同様の神に仕えるわけであるが、しかもなお、彼らは各々自己の民族的精神と没交渉でいることはできない。すなわちこの場合、彼らは自己をもって真によく神の意を知り、神の意に適う唯一真正の奉仕者であると考える。自己を措いては真によく神の意を解し、神の意を体得しているものはないと考える。ロシア国民、特に無知の階級においては、この種の信仰は甚だ強い。すなわち彼らはギリシア旧教の信者として、露国民のみが真によく天なる父の御こころに適うもの、また天の父は彼らにのみ特に幸いするものと信じ切っている。これもやはり各民族に共通の性質であって、今時の欧州戦争の勃発に際して、同一キリスト教国民が、各々こぞって同一神の前に自国のみの勝利と、幸福を祈り、したがって敵国民の敗北と、不幸とを祈った事実に徴しても明らかである。同一の愛なる神の前に各々自分勝手な願いをかけるということは、理性的に考えればすこぶる滑稽の感があるが、ここに民族的精神の必死な要求の発現を見得るではないか。ただし、われわれは同時にその中に含まれている民族の人類になろうとする要求、すなわち世界主義的要求の一面を見逃してはならない。

民族的同化力

植民的大英帝国の創立者である、十六七世紀におけるピューリタン教徒の態度を見るならば、われわれは一層興味ある事実を発見するであろう。彼らにとって宗教と、英国粋と、文明とは三位一体をなしていた観がある。彼らはその信仰を普及することは、英国粋を普及することだと考えていた。英国粋を普及することはまた当然文明を普及することだと考えていた。彼らの人道的精神、彼らの世界的事業は、要するにその民族的要求の自然の発露であった。その烈々たる民族的精神を離れては彼らの教法弘通《ぐつう》の事業も、文明開拓の事業も理解することはできない。このピューリタン教徒の精神はまた取りも直さず今日の英国魂であって、英国人はその統治権を広く世界各国民に上に押し広げることをもって、極めて高貴な人道的事業であると思っている。彼らはその利己的な民族的要求を見誤って、人道的要求であると錯覚している。

要するに民族的精神というものは、真の学術たると芸術たると宗教たると問わず、すべてのものを取って自己に同化し、類化しようとする要求を持っており、取って自己発展の助力者、支持者にしようとする要求をもっている。そしてこのような民族的同化力または類化力け、何物に対しても自己特有の面影を与え、自己特有の色彩を付せずにはおかない。ゆえにわれわれは今日、到底純粋に世界的なものの存在を認めることが困難である。すなわち知る、民族的傾向は世界主義的傾向よりも一層熾烈優勢であって、一層抜くことのできない深い根であることを。

第一一章　膨脹国民としての日本民族

（略）

日本民族の同化力

世人はよく、日本には独創の天才がないという。それは日本には孔子や釈迦やキリストのような天才がないという意味であろうが、しかし偉大な天才はどこにも滅多に出現するものでない。またそういう天才のあることが、必ずしも民族の優越的特性を示すものといえないし、民族の膨脹もしくは民族の幸福を立証するものともいえない。民族的生活は、特に秀でた大天才を有することで理想的だとは決して論断できない。むしろ、一、二の大天才よりも、全体として堅実な思想を懐き、不撓《ふとう》不屈の意志を有していることが大切である。孔子を産んだ国民、釈迦を産んだ国民、キリストを産んだ国民、ソクラテス(63)を生んだ国民、それらの国民は事実において果たして最も幸福な国民であったか、最も優強な国民であったか。

日本には、あるいは独創の天才がなかったかも知れない。しかし同化の天才は雲のごとくにあった。否、独創の天才にしても敢えて必ずしも列国に劣るものではない。ただ一小島の悲しさ、これらの天才が世界的な名声を博すことができなかったまでである。百済河成《くだらのかわなり》[64]のような、巨勢金岡《こせのかなおか》[65]のような、恵心僧都《えしんそうず》[66]のような、雪舟[67]のような、元信《もとのぶ》[68]のような、探幽《たんゆう》[69]のような、光琳《こうりん》[70]のような、偉大な芸術家がどこの国にもそう多くあったか。柿本人麿[71]のような、山部赤人[72]のような、紫式部[73]のような、西行[74]のような、芭蕉[75]のような、西鶴[76]のような、近松のような、馬琴のような日本の文学者は、西欧の文豪と比較して果たして甚だしく小さいものであろうか。聖徳太子[77]のような、弘法のような、伝教のような、道元[78]のような、法然[79]のような、親鸞[80]のような、日蓮[81]のような思想家、宗教家をもって、世界的偉人であると評価することは不都合であろうか。豊太閤のような、家康のような、あるいは藤樹[82]のような、仁斎[83]のような、白石[84]のような、素行[85]のような、象山[86]のような、松陰[87]のような人物は、果たしてそう安く見積もれるであろうか。日本人は今や余りに西洋を標準にし、過度に西洋を買い被っている。そのために自国の天才偉人を真の価値において見ることができないでいるのではないか。

それはとにかく、日本民族の同化力、すなわち精神的征服力は到底、他民族に比を見ないところである。すべての異国の文化を吸収して、これを自家特有のものに同化し去る力においては、真に驚嘆すべきものがある。

聖徳太子は仏教を日本的に同化した。伝教、弘法は仏教を王法化した。法然や親鸞は縁起生的インド思想を現世的な日本思想に変えた。親房や兼良や闇斎は儒教を神道化した。一々こんな例を挙げることは到底その煩に堪えない。なぜならば、日本民族の歴史は徹頭徹尾、みな同化の歴史だからである。日本の国文学、漢文学、仏学すべてこれ異境の文明を同化した産物であるということができる。日本の美術、彫刻、建築またすべてインドのそれ、中国のそれ、朝鮮のそれを同化していないものはない。すべてがそうである。一切がそうである。

同化し体得したものは自分自身のもの

これは単に宗教や文芸や美術や制度においてそうであるだけでなく、君臣の大義から実際生活または日常生活の上にいたるまで皆そうである。たとえば武士道なども、その中には巧みに仏教思想、儒教思想が取り入れられて、それぞれ適当な役目を仰せ付かっている。さらに進んでは武術――剣道ないし礼儀作法の末までもことごとく異境の文化が織り込まれている。それが単に皮相的に外形の模倣が行われているのではなく、その真髄である深い思想が微の微なる点において、不思議な具体的表現を得ているのは真に驚嘆に価する。大石内蔵之助(88)の打つ陣太鼓の音の中にも禅や儒教の徹底味が現れており、柳生但馬守(89)の槍先にも仏教哲理の秘義が閃いている。このような徹底的同化作用は、三段論法や二二が四のみに拘泥している西洋人などの到底想像にも及ぶところではない。

すでにこのように、同化し、体得した以上は、他人の仏教ではなくて、自分の仏教である。他人の儒教ではなく自分の儒教である。他人の美術、文学ではなく自分の美術文学である。その由来、淵源のいかんにかかわらず、すでに自分自身のものである。断じて他人のものと言うことを許さない。換言すれば、日本民族は世界の民族歴史展覧会において最優秀賞を得るべき資格を有するものである。その強大な摂取力において、吸収力において、咀嚼力《そしゃくりょく》において、同化力において、特に皇室を中心として結合した有機的特絶性において、最高尊貴の光輝と権威を有するものである。これは思うに人類の生理的動機の至美至醇《しびしじゅん》な発現を遂げ、理想的に進化する生きた歴史ではないか。

そしてこのような恐るべき同化力は、今やインド、中国に止まらず、遥かに西洋に向ってその触手を延ばしている。わずか五〇年でわれわれはいかに多く西洋の一切の文物を吸収したか。宗教において、学術において、思想において、制度において、風俗習慣において、ほとんど余すところなく手をつけている。われわれは今やむしろその弊に堪えないほどである。しかしながら私は、根本においては楽観している。その弊というものも結局一時の現象に過ぎないことを信じるがゆえに、日本民族はあくまで西洋を同化し去るべく（同化されずに）充分強健な胃腸を有していることを信じるがゆえにである。

明治天皇の同化的御精神

日本民族の同化的精神、すなわち思想的文化的征服の精神は、やはりまた明治天皇の叡旨《えいし》の中に分明に現れている。明治天皇は御即位の元年にこのように誓われた。曰く「知識を世界に求め、大いに皇基を振起すべし」と。天皇自らこの誓いを実行せられたと同時に、日本臣民もまた皆この大御心を体して、同じ努力を怠らなかった。

我が国にしげりあひけり外国の
　草木の苗もおほしたつれば
いぶせしと思ふ中にも択びなば
　薬とならむ草もこそあれ

いずれも明治天皇の御詠であるが、その吸収的、同化的御精神が旺盛であるのを窺《うかが》うべきではないか。

元来、同化的精神は思想的征服の精神の意義である。精神的膨脹の本義である。内面充実の精神である。あくまで自己を内部的に育て上げようとする精神である。かつてローマ人にこの精神が盛んであって、この精神の盛んな民族は、あくまで発展して止まない民族である。あくまで足ることを知らない民族である。無限に生々し無限に発展し無限に成長する民族である。すなわち偉大な民族である。

ドイツ現代の有名な著者は、ドイツ民族の同化力について大要次のように説いている。

ドイツ精神はあらゆる地帯より栄養を摂《と》り、あらゆる方面より吹き来る風に乗じてその大翼を振るおうとしている。彼らは他のいかなる国民にも増して最も切実にバイブルの精神を内に養った。彼らは他のいかなる国民にも増してギリシアの精神を貪欲に吸収した。ラテン文化の楽園に対して最も深い憧憬を持ったのも彼らであった。彼らはレンブラント[90]やスピノザ[91]やシェークスピアをその心霊の奥底に斉《いっ》き祀った。彼らはイプセン[92]やビョルンソン[93]やストリンドベリ[94]やメーテルリンク[95]を歓び迎えた。トルストイやドストエフスキーやツルゲーネフやまたコロー[96]やマネ[97]やゴッホ[98]やセザンヌ[99]などに対して深厚な敬意を捧げた。彼らはすべての言語にその舌を貸し、あらゆる文学にその耳を貸し、一切の芸術にその眼と手を貸した。……カントやボズウェル[100]などが言ったように、他のいかなる国民にも増して外国人を歓迎し、同時にまた学術上の大問屋となったものはドイツ民族である。ドイツ民族が学問、芸術、言語、風俗、流行などにおいて外国崇拝に陥ったのはその比を見ないところである。……ドイツ国民の偉大な特性は宇宙包括すなわち大総合にある。欧州の中心国民であるドイツ人は全世界の各部より流れ来た血液を呑吐しつつ心臓のように活発に鼓動している。

わが日本民族もどうしてまたこの背後に落ちるものか。

要するにわれわれ日本民族はその有機的結合において比類のない民族であり、その外的膨脹欲において稀な民族であり、その内面充実欲において特絶した民族である。まさに理想的民族でなくて何ぞ。偉大な民族でなくして何ぞ。日本民族たるもの自重しなければならないのか。

第一四章　結　論

日本民族の膨脹とは

以上、私は十有三章を累ねて、まず近代文化の二大潮流である民族主義と世界主義とについてその梗概を叙し、次いで民族主義の意義、性質、趨勢を説くと同時に、世界における民族競争の現状に及び、かつ歴史上における物心二派の傾向を略述し、進んで日本民族の偉大性を闡明《せんめい》し、またあわせてわが国民の民族的自覚を要求し、かくして日本民族膨脹の方針と覚悟とを論述した。もちろん、限りある紙数に拘束されつつ史学、社会学、生物学および国民哲学の諸方面にわたる重大問題を取扱ったのだから、説いて未だ精を尽くさない憾《うら》みがないとはしないが、日本民族膨脹の切実緊要な理由を明らかにし、その輪郭的知識を一般読者に提供しようとする私の企ては略々その目的を達し得たと思う。しかもここに筆を措くに際して、なおぜひとも数言を費やさざるを得ないある物が残っている。ある物とは何か。私の植民政策に対する態度である。用意である。理想である。

私は本書において、日本民族膨脹の根本概念を、専ら人文哲学ないし開化史の側から立論することに心を用い、かつ常に生物学的観察を挟み、できる限り国民生活の核心に触れることを主としたのに対し、世人あるいは政治学によってこれを考究する労を執らなかったことを疑問とするだろうが、これは実は私が他の帝国主義者もしくは植民政策に関する時事問題の研究を主眼とする人々と大いにその志を異にするためである。一般に植民政策と言えば、その言葉自身がすでに一種の攻略的意味を含み、その背景には何らかの辛辣《しんらつ》危険な分子を蔵する嫌いがあるために、最近、進歩した学者の間には新植民政策という語がしだいに勢いを得て、識者の歓迎を受けるようになってきた。しかしながら、いわゆる新植民政策という語にも、なお伝襲的観念が付着しているため、未だその内容を適切に言い表せるものということができない。このゆえに、私はさらにこれを改めて、新たに文化政策《クルツール・ポリティーク》という名を用いるのがむしろ妥当であると信ずるのである。これは私が日本膨脹論の第一義を民族の精神的発展に置き、これを基本とし、主調とし、骨子として本書を編述したゆえんである。

民族発展の要諦

そもそも民族発展の根本要諦は、民族固有の精神的内容、中心的理想、それを表示する国粋の発展をほかにしてこれを求めることはできない。国家の盛衰は結局、国粋の消長いかんによって定まるのであって、他はことごとく第二義以下の条件であるに過ぎない。換言すれば、日本を大にする主義と、日本を小にする主義、すなわち大日本主義と小日本主義との分岐点である。〔大日本主義は、〕従来のいわゆる植民政策を執るか、はたまた私のいわゆる文化政策に重きを置くかに帰着するのである。前者は器械的、武断的膨脹に傾き、後者は有機的、文化的膨脹を主とする。これは新植民政策と旧植民政策、ないしは旧帝国主義と新帝国主義との差異点であって、共に大日本主義を目的とするものであるが、おのずからその方向、手段、理想を異にせざるを得ない。

しからば民族、国家の有機的膨脹とは何か。これはすでに私が今までしばしば解説を試みたように、要するに各個体を全体の統一中に独立することを容認して発育伸張させる統制である。すなわち大宇宙を小宇宙の中に包み、小宇宙が大宇宙の中に生存し発展する円融無碍《むげ》の相即主義である。たとえばドイツの国粋が、クザーヌス、ライプニッツ、カント、フィヒテ、ヘーゲル、シェリング、ショーペンハウエルなどの哲学者たちによって継承し、培養し、開発されて現時の優秀な民族精神を煥発してきたように、大国民たるの理想を啓き育て体現するには、哲人や偉傑が互いに協力協心して新世界開化主義のために努力奮励して、彼のような強大を成し得たのである。それはライプニッツが哲学者であって同時にプロシアの外交官であったこと、あるいはプロシア王に学士会院を興させ、プロシア精神の啓蒙開拓に尽瘁《じんすい》したこと、フリードリッヒ大王(101)がヴォルフやカントなどの著書に深厚な敬意を捧げたこと、フリードリッヒ・ヴィルヘルム三世(102)がプロシアの酷歩艱難の秋に際してベルリン大学を建設させ、愛国哲学者フィヒテに大いに気焔を揚げさせたこと、プロシアの為政家たちが敬虔な態度をもってフィヒテやヘーゲルの所説を傾聴したことなどを顧みるならば、実に思い半ばに過ぎるものがあるだろう。

生きたる哲理

多くの政治家は、思想の勝利、文化の征服を軽んじ卑しみ、哲理は活きた社会に用のない死学であるかのように誤解している。ところがそのいわゆる死学がドイツにあっては、前述のように烈々たる炎となって彼らの胸に燃えているではないか。トライチケを祖述したベルンハルディー(103)の軍国主義だけを知って、ドイツの国民哲学がいかに彼らを力づけつつあるかを理解しないものは、むしろ笑うべき短視の徒といわねばならない。ただにドイツにおいてのみならず、ギリシアにおいてもローマにおいても、またフランスやイギリスにおいても、あるいはまた往時の中国においても哲学ないし思想と実際政治との間には、常に離れることのできない密接な関係を保っていた。しかるに、建国以来、幾千年の歴史を有するわが日本に限って、なぜ哲学は死せる学問であるのか。徳川幕府の政策が朱子学の精神に負うところ深く、王政維新の洪業が水戸学[104]の感化に負うところが大であったのは、かりそめにも史眼あるものなら直ちに首肯できるではないか。このゆえに私は年来、学俗接近の必要を唱え、常に総ての問題において俗事に対して学術的精神を徹底させることを望んでいるのは、思うにここに鑑みるところがあるためである。

されば私は、日本民族膨脹を論ずるに当っても、世にいわゆる植民政策を鼓吹するよりも、まず民族固有の大精神を闡明《せんめい》し、活躍させることを急務とするものである。そしてこの大精神をいかにして発揚し顕現させるかといえば、私が大和民族本来の理想および特絶性として挙示した偉大な消化力、同化力、発展力、神秘の現実化、生々主義、文化的思想的征服主義をあくまで発揮することしかほかにない。

大乗主義の民族膨脹論

ドイツのショーヴィニストとして目せられたフィヒテは、ドイツ民族の使命を論じて次のように言っている。すなわち、

「かりそめにも霊性《ガイスチッヒカイト》および霊性の自由を信じ、かつ自由によって霊性の永久的発展を求めるものは、それがどこに生まれ、またいずれの国語を使用するとしても、われわれと性《ゲシュレトト》を同じくするものである。そして創造的に生存し、真実本来の生存をどこに迎えるべきかに注意し、または少なくとも霊性の自由を感知する人々は本来的な人間である。それはすなわちドイツ人である」

と。その意はすこぶる深遠なようだが、彼が言おうと欲したのは、人類の器械的外部的生存を排して、有機的内部的生存を主張したのにほかならない。これこそ私が日本民族膨脹の第一義を文化的思想的方面より高調したのと相似し、大いに私の意を得た点である。

またドイツ人ラガルド(105)は一層力強く、私の考えによく似た意見を主張している。すなわち、

「ドイツ人のドイツ人たる意義はゲミュート（情誼または情合の義、独人は他国に訳語がないと自負する）に在り、血液そのものに存せず」

と。これは実にドイツ人としては最も放胆熱烈な予言者的口吻である。彼はドイツの国粋を世の狭量な愛国主義者のように血液と土地とに結びつけず、精神的道義的な国粋観念に求めて、世界の文化的征服を唱道したのである。民族精神の世界的発展を確信する者は必ずこの点にまで徹底しなければならない。もとより土地と血液とは国粋を擁護し発展させるべき重大条件であるが、単にそれだけでは民族膨脹の根本義を得たものとはいえない。より自由な霊性より大々的に奔出する溌剌たる精神的光輝こそ、真の国粋といわねばならない。換言すれば、国粋の物質的拘束は小乗的である。血液と土地とによって民族の膨脹を力説するような旧い植民政策はすなわちそれである。国粋の霊化と無限大とを主調とする文化的政策はすなわち物心一如の実大乗主義である。このゆえに私はあくまでも大乗主義の民族膨脹論を眼目とし、この趣旨に基づいて、本書を世に問うに至ったのである。

注

（1）一八八九（明治二十二）年八月に刊行した後藤の著書。国家を衛生制度と把握。

(2) 小野塚喜平次（一八七〇―一九四四）政治学者。新潟県出身。『政治学大綱』など。

(3) シーリー（一八三四―一八九五）英。ケンブリッジの近代史教授。『英国膨脹史論』など。

(4) 一九二四年四月一五日、米国は議会で新移民法を可決、排日条項が含まれていた。

(5) ドリーシュ（一八六九―一九四一）独。生物学者、哲学者。活力論的生物学を提唱。『生物学の基礎』『生気論の歴史と学説』など。

(6) 横井小楠（一八〇九―一八六九）幕末の思想家、開国論者。熊本藩士。越前福井藩に招かれ顧問となり、開国通商を説き、国事に奔走。維新後、参与となる。暗殺。

(7) 蘇秦・張儀　中国戦国時代の縦横家。蘇秦（　―前三一七）は秦に対し合従策によって対抗、張儀（　―前三一〇）は秦の恵王の相となり連衡策をもって蘇秦の合従策を破る。

(8) 一八九四（明二七）年一二月に民友社から刊行された徳富蘇峰の著書。

(9) 文王は周の武王の父。殷に仕えて西伯となる。周の基礎を作った。

(10) トライチケ（一八三四―一八九六）独。歴史家。プロイセン主義を奉じ、『十九世紀ドイツ史』を愛国的軍国主義をもって叙述。近代ドイツ発展の精神的指導者。『政治論』など。

(11) ディオゲネス（　―前三二三）ギリシア。シノペのディオゲネス。クニク派（自然生活を理想とする）の一人、「樽の中の哲人」として著名。

(12) 叔斉は伯夷の弟。殷の処士。周の武王が殷の紂王を討つのは臣が君を弑《しい》することと諫めたが聞き入れられず、周の粟を食らうのを恥じて首陽山に隠れ、わらびを食って餓死した。

(13) トルコ共和国の大都市イスタンブールが擁する金角湾の南岸、マルマラ海に半島状に突き出したスタンブール地区と、金角湾北岸のガラタ地区を指すか。

(14) ヴィルヘルム二世（一八五九―一九四一）独皇帝。宰相ビスマルクを退けて自ら国を指導。

汎ゲルマン主義を標榜。第一次世界大戦敗戦の一九一六年一一月に退位、オランダに亡命。
(15) クロムウェル(一五九九—一六五八)英。軍人・政治家。清教徒。一六四九年、チャールズ一世を処刑して共和政を布き、イギリス諸島を平定、五三年護国卿となり独権を揮《ふる》い、五四年までにオランダ海軍を破り、英国の海上制覇の端緒を開いた。
(16) フィヒテ(一七六二—一八一四)独。哲学者。カントの主観概念を形而上学的に展開し、一切の根底に自我の絶対的活動をおいた。ベルリン大学総長。仏占領下で行った「ドイツ国民に告ぐ」の講演は国民の独立心をよびさました。『全知識学の基礎』『人間の使命』など。
(17) 後藤は世界の列強に相対するべく、生涯この主義を貫いたが、文装的は教育を中心とした文化的施策を意味しその土地の民族の自力発展を助けることであり、武備は武装的な要件を備えること、すなわち殖産興業を意味した。
(18) コント(一七九八—一八五七)仏。哲学者。社会学の祖。実証的科学を樹立。晩年は宗教的になり人類教を説いた。『実証哲学講義』『実証政治学体系』。
(19) パスカル(一六二三—一六六二)仏。哲学者・数学者・物理学者。人間は「考える葦」として偉大で、自己矛盾を救うのはキリスト教と説いた。実存主義の先駆。『パンセ』など。
(20) ポアンカレー(一八五四—一九一二)仏。数学者。マッハの流れをくむ実証主義の立場から科学批判。『天体力学』など。
(21) ベルクソン(一八五九—一九四一)仏。哲学者。自然科学的世界観に反対、純粋持続としての体験的時間を重視、具体的生は概念によって把握できず、不断の創造的活動であり、創造的進化であると説いた。『物質と記憶』『創造的進化』など。
(22) 宇宙の中心的生命(梵)と故人の中心的生命(我)との窮極的一致を説く。インドのベーダを伝承する森林書の一部。奥義書。

(23) プラトン(前四二七—前三四七)ギリシア。哲学者。霊肉二元論。霊魂不滅を主張。肉体的感官の対象である個物は真の実在ではなく、個物の原形である普遍者(イデア)が真の実在であるとした。現実世界をイデア界に近づけるのが哲学者の任務とした。『国家』『饗宴』など。

(24) アリストテレス(前三八四—前三二二)古代ギリシア。哲学者。形相(エイドス)を質料に内在する本質と考え、あらゆる生成過程を質料が形相を実現する過程と説いた。『形而上学』『自然学』など。

(25) カント(一七二四—一八〇四)独。哲学者。認識は主観が感覚の所与を秩序づけることによって成立すると主張。超経験的なものは信仰の対象であるとし、形而上学を否定。『純粋理性批判』『実践理性批判』など。

(26) ミル(一八〇六—一八七三)英。哲学者・経済学者。帰納法を完成。実証的社会科学理論を基礎づけ、功利主義的社会倫理を説く自由主義経済学の代表者。『経済学原理』『自由論』など。

(27) スペンサー(一八二〇—一九〇三)英。哲学者・社会学者。進化発展を哲学の中心に据え、生物・心理・社会・道徳の諸現象を統一的に解明しようとした。『総合哲学体系』など。

(28) ホッブズ(一五八八—一六七九)英。哲学者。人間は契約によって国家を形成、主権を立ててこれに絶対服従することによって治安を維持できると説いた。『リヴァイアサン』『哲学原論』など。

(29) ロック(一六三二—一七〇四)英。哲学者・政治思想家。経験論の代表者。『人間悟性論』は近世認識論の端緒を開いた。政治論では専制政治に反対、国民の自由と政治的秩序との調和を論じ、三権分立を主張。『政府二論』など。

（30）ヒューム（一七一一―一七七六）英。哲学者・歴史家。経験論から形而上学を批判。実体・因果法則などの観念は習慣による主観的な確信にすぎないと主張。『人性論』『英国史』など。

（31）ダーウィン（一八〇九―一八八二）英。生物学者。進化論を首唱。『種の起源』『ビーグル号航海記』など。

（32）クザーヌス（一四〇一―一四六四）独。神秘主義的思想家。神にはあらゆるものが一性の単一性に包含されるという「対立の一致」を、「知ある無知」なる直観（瞑想）をもって把握するとする。中世哲学と近世哲学の狭間に立つ思想家。

（33）ライプニッツ（一六四六―一七一六）独。数学者・哲学者・神学者。微積分学を形成。モナド論ないし予定調和説によって哲学上・神学上の対立の調停を試みた。『単子論』など。

（34）ヴォルフ（一六七九―一七五四）独。哲学者・数学者。ライプニッツ哲学を秩序づけ、いわゆるライプニッツ＝ヴォルフ哲学を理論づけた。『数学の基礎』など。

（35）ヘーゲル（一七七〇―一八三一）独。古典哲学最大の代表者。全世界の変化を絶対的イデーの弁証法的発展として把握。『精神現象学』『論理学』など。

（36）シェリング（一七七五―一八五四）独。哲学者。自然と精神との対立を絶対的同一者のうちに解消する同一哲学を主張。この絶対者は芸術的・知的直観によって把握されるとした。『自然哲学の理念』など。

（37）ショーペンハウエル（一七八八―一八六〇）独。哲学者。世界は自我の表象であり、根源的原理は生への盲目的意志である。人間生活での意志は絶えず他の意志によって阻まれ、生は同時に苦を意味し、苦を免れるには意志の滅却、涅槃の追求以外にないとした。『意志と表象としての世界』など。

(38) ハルトマン(一八四二―一九〇六)独。哲学者。宇宙の万象を支配する原理として、ショーペンハウエルの非合理的原意志とヘーゲルの純理性的理念の総合としての無意識をあげる。世界構造は目的論的で、その最終目的たる解脱を認識するとき進化論的楽天観に到達すると説く。『無意識の哲学』など。

(39) ロッツェ(一八一七―一八八一)独。哲学者。ヘーゲル以後の最大の体系家。科学の機械的法則は現象界に妥当だが、真実在は精神的であり、現象と実在との関係は合目的であるとする。『形而上学』『哲学体系』など。

(40) ニーチェ(一八四四―一九〇〇)独。哲学者。実存主義の先駆。キリスト教的民主主義的倫理思想を奴隷道徳とし、強者の自律的道徳たる君主道徳を説き、この道徳の人を「超人」と称し、これを生の根源にある権力意志の権化と見た。『ツァラトゥストラはかく語りき』『善悪の彼岸』など。

(41) デカルト(一五九六―一六五〇)仏。哲学者。近世哲学の祖。解析幾何学の創始者。精神と物体とを相互に独立な実体とする二元論の哲学体系を樹立。『方法叙説』『哲学原理』など。

(42) ベーメ(一五七五―一六二四)独。神秘思想家。神は「無」であり、その中に分出顕現の原理を有すると説き、すべての物は否定の原理を通じて存在するとした。『神的存在の三原理』など。

(43) ホーマー(生没年不詳)ギリシアの詩人。『イリアス』『オデュッセイア』の作者とされ、前九世紀ごろ小アジアに生まれたとする。実在したか不明。

(44) ダンテ(一二六五―一三二一)伊。詩人。フィレンツェの人。早逝したベアトリーチェへの初恋が文学に影響。一三〇〇年市共和国六統領の一人となったが、翌年追放され、半生を放浪。

『神曲』『新生』など。

(45) シェークスピア(一五六四—一六一六) 英。劇作家・詩人。エリザベス朝ルネサンス文学の代表者。『ハムレット』『リア王』『マクベス』『オセロ』『ロミオとジュリエット』『ヘンリー四世』『ベニスの商人』『真夏の夜の夢』など。

(46) ゲーテ(一七四九—一八三二) 独。作家。シュトゥルム・ウント・ドラング時代の代表。政治家、美術研究、自然科学の分野でも独特の研究。ルネサンス的大教養人。『若きウェルテルの悩み』『ファウスト』など。

(47) トルストイ(一八二八—一九一〇) ロシア。作家。『戦争と平和』『アンナ＝カレーニナ』『復活』など。大トルストイ。

(48) 滝沢馬琴(一七六七—一八四八) 江戸後期の小説家。江戸深川の生まれ。『椿説弓張月』『南総里見八犬伝』など。

(49) 近松門左衛門(一六五三—一七二四) 江戸中期の浄瑠璃・歌舞伎作者。『曽根崎心中』『心中天網島』『女殺油地獄』など。

(50) ドストエフスキー(一八二一—一八八一) ロシア。小説家。『罪と罰』『白痴』『悪霊』『カラマーゾフの兄弟』など。

(51) ツルゲーネフ(一八一八—一八八三) ロシア。作家。『猟人日記』『ルージン』『父と子』など。

(52) ゴーリキー(一八六八—一九三六) ソ連。作家。『母』『クリム＝サムギンの生涯』など。

(53) ダヌンツィオ(一八六三—一九三八) 伊。詩人・小説家・劇作家・軍人。抒情詩、官能耽美主義の小説を書き、第一次大戦では航空兵。ファシスト政権下の国民主義詩人。

(54) ヴェルレーヌ(一八四四—一八九六) 仏。詩人。象徴派の代表者。詩集『艶なる宴』『秋の歌』

など。

(55) イェーツ(一八六五—一九三九) アイルランド。詩人・劇作家。詩集のほか『カスリーン伯爵夫人』『心願の国』など。

(56) 平田篤胤(一七七六—一八四三) 江戸後期の国学者。秋田の人。『古史徴』『古道大意』など。

(57) 行基(六六八—七四九)奈良時代の僧。和泉の人。諸国巡遊、池堤設置・寺院建立・道路開拓・橋梁架設を行ったが、僧尼令に反するため禁止された。後に聖武天皇の帰依を受け、大仏造営にあずかり、大僧正位を授けられた。

(58) 最澄(七六七—八二二) 日本天台宗開祖。近江国の人。法華一乗の道場として七八八年比叡山根本中堂を建立。八〇四年入唐、翌年帰国、天台宗を広めた。『顕戒論』『守護国界章』『山家学生式』など。

(59) 空海(七七四—八三五) 真言宗開祖。讃岐の人。八〇四年入唐、八〇六年帰国、八一六年高野山に金剛峰寺を創建。東寺も住持。『三教指帰《さんごうしいき》』『性霊集』『秘密曼荼羅十住心論』など。

(60) 北畠親房《ちかふさ》(一二九二—一三五四) 南北朝時代の廷臣・学者。鎌倉幕府滅亡後、義良《のりなが》親王(後村上天皇)を奉じて陸奥を定め、一三三八年また東国に下る。常陸国小田城で『神皇正統《じんのうしょうとう》記《き》』を著す。後、吉野に帰り、後村上天皇を支え南朝の支柱となった。

(61) 一条兼良《かねら》(一四〇二—一四八一) 室町後期の廷臣・学者。関白太政大臣。博学多才。『尺素《せきそ》往来』『文明一統記』『樵談《しょうだん》治要』など。

(62) 山崎闇斎(一六一八—一六八二) 江戸前期の儒者。初め僧となったが谷時中に朱子学を学び、のち吉川惟足《これたる》の影響で神道を修め、垂加神道を興した。『垂加文集』など。別号、垂加。

(63) ソクラテス(前四七〇—前三九九) 古代ギリシアの哲人。アテナイで活動。半生を民の道徳意識の改革にささげた。問答によって相手にその無知を自覚させ（汝自身を知れ）、相携えて真の認識に到達しようと努めた。真の認識とは、実践的能力（徳）そのものを意味した。この努力はアテナイ市民に受け入れられず、死刑に処せられた。その教説は弟子のクセノフォン、プラトンによって叙述された。

(64) 百済河成《くだらのかわなり》（七八二—八五三）平安初期の画家。姓は余《あぐり》。仁明・文徳二朝に仕え、備中介、播磨介を歴任。武技にも長じたが画名が高く、山水・人物に迫真の技をたたえられた。確かな遺作は伝わらない。『今昔物語』に飛騨工と技を競ったとある。

(65) 巨勢金岡《こせのかなおか》（生没年不詳）平安初期の宮廷絵師。屏障画に高名をうたわれた。八九五年までの事跡が残るが、確かな作品は伝承しない。

(66) 恵心僧都　源信（九四二—一〇一七）の異称。平安中期の天台宗の僧。大和の人。『往生要集』『一乗要決』『観心略要集』など。

(67) 雪舟（一四二〇—一五〇六）室町後期の画僧。備中の人。諱《いみな》は等楊《とうよう》。相国寺で春林周藤について参禅、画を周文に学ぶ。一四六八年幕府の遣明船で明に渡り、水墨画技法を学び、翌年帰国。周防山口や豊後大分に住む。「山水長巻」「破墨山水図」「天橋立図」など。

(68) 狩野元信（一四七六—一五五九）室町後期の画家。父正信の水墨画風に濃彩技法を加え、狩野派の新作風を大成。世に古法眼と称される。大仙院・霊雲院の襖絵、清涼寺縁起絵巻など。

(69) 狩野探幽（一六〇二—一六七四）江戸初期の画家。幕府の御用絵師として一門の繁栄をひらいた。二条城・名古屋城の障壁画など。

(70) 尾形光琳（一六五八—一七一六）江戸中期の画家。京都呉服商雁金屋に生れ、初め狩野風を学び、やがて光悦・宗達の装飾画風に傾倒。大胆で華麗な画風を展開、蒔絵師としても卓抜な意匠で名高い。

(71) 柿本人麻呂（生没年未詳）万葉歌人。持統・文武両朝に仕え、舎人として出仕。石見国の役人にもなり讃岐などへも往復、旅先（石見）で没。長歌を中心とする沈痛・荘重、格調高い作風。万葉集中第一の抒情歌人。

(72) 山部赤人（生没年未詳）奈良初期の万葉歌人。人麻呂と共に歌聖と称せられる。下級官吏。行幸供奉の作が多い。代表的自然詩人。作歌年次は天平八年（七三六）まで。

(73) 紫式部（九七八頃—一〇一四頃）平安中期の女流文学者。藤原為時の娘。藤原宣孝に嫁したが、まもなく死別、のち中宮彰子に仕える。『源氏物語』『紫式部日記』『紫式部集』など。

(74) 西行（一一一八—一一九〇）平安末・鎌倉初期の歌僧。俗名佐藤義清《のりきよ》。法名円位。鳥羽上皇に仕えた北面の武士。二十三歳の時、無常を感じて出家、高野山、晩年は伊勢を本居に諸国を旅し、河内国弘川寺で没す。『山家集』など。

(75) 松尾芭蕉（一六四四—一六九四）江戸前期の俳人。名は宗房。号は「はせを」、別号は桃青・泊船堂・釣月庵・風羅坊など。伊賀上野に生まれ藤堂良忠の近習となる。京都をへて江戸に下り深川の芭蕉庵に移る。各地を旅して多くの名句と紀行文を残す。『野ざらし紀行』『笈《おい》の小文《こぶみ》』『奥の細道』など。

(76) 井原西鶴（一六四二—一六九三）江戸前期の浮世草子作者・俳人。大坂の人。矢数俳諧で一昼夜に二万三千句の記録を立てオランダ西鶴と異名された。浮世草子は、雅俗語を折衷、好色物、武家物、町人物などに特色がある。『好色一代男』『武道伝来記』『世間胸算用』など。

(77) 聖徳太子（五七四—六二二）用明天皇の皇子。本名は厩戸皇子。推古天皇即位とともに摂政となり、冠位一二階・憲法一七条を制定した。また、仏教興隆に尽力、多くの寺を建立、『三教義疏《しょ》』を著す。

(78) 道元(一二〇〇—一二五三) 日本曹洞宗の開祖。京都の人。久我通親の子。比叡山で出家、栄西に師事、一二二三年入宋、如浄より法を受け、二七年帰朝後、京都深草の興聖寺を開く。四四年、越前に永平寺を開く。承陽大師。『正法眼蔵』『永平広録』など。

(79) 法然(一一三三—一二一二) 日本浄土宗の開祖。源空。美作の人。比叡山で天台宗を学び、四十三歳で専修念仏に帰し、宗門を開き、東山吉水《よしみず》に草庵を結ぶ。大原勝林院での南都北嶺の僧徒との大原談義の後、土佐に流されたが、一二一一年に帰洛。『選択《せんじゃく》本願念仏集』など。円光大師。黒谷上人。

(80) 親鸞(一一七三—一二六二) 浄土真宗の開祖。日野有範の長子。慈円、次いで法然の弟子となる。興福寺による専修念仏禁圧の動きにより越後に流された。この間、愚禿と自称し、親鸞と名のる。一二一一年赦免され、常陸国稲田郷にあって『教行信証』を著す。見真大師。

(81) 日蓮(一二二二—一二八二) 日蓮宗の開祖。安房国小湊の人。仏法の真髄を法華経に見出し、一二五三年日蓮宗を開く。辻説法で他宗を攻撃、鎌倉に逃れる。『立正安国論』を幕府に上呈し佐渡に流される。七四年赦され鎌倉に帰り、身延山を開く。武蔵国池上で寂。諡号は立正大師。

(82) 中江藤樹(一六〇八—一六四八) 江戸初期の儒者。日本陽明学派の祖。近江の人。近江聖人と呼ばれる。『孝経啓蒙』『翁問答』など。

(83) 伊藤仁斎(一六二七—一七〇五) 江戸初期の儒者。古義堂と号す。京都の人。古学を京都堀川塾に教授。『論語古義』『孟子古義』など。

(84) 新井白石(一六五七—一七二五) 江戸中期の儒者・政治家。徳川家宣の時、幕府儒官。幕政に参与、朝鮮信使の抑制、幣制改革、閑院宮家を創設。『藩翰譜』『読史余論』『西洋紀聞』『古史通』など。

(85) 山鹿素行《そこう》（一六二二―一六八五）江戸前期の儒者・兵学者。古学の開祖。会津生まれ。江戸で育つ。朱子学を林羅山、兵学を北条氏長らに学ぶ。程朱の理気心性を疑い、『聖教要録』を著し幕府の怒りを受け、赤穂に配流。後ゆるされて江戸に帰る。『武教要録』『山鹿語類』など。

(86) 佐久間象山（一八一一―一八六四）幕末の勤皇家。信州松代藩士。学を佐藤一斎に受け、蘭学・砲術に通じ、海防の急務を主張。五四年、門人吉田松陰の密航の事に連座し、幽閉され、六四年幕命で上洛、攘夷派浪士に殺された。

(87) 吉田松陰（一八三〇―一八五九）幕末の志士。長州藩士。特に兵学に通じ、江戸にて佐久間象山に洋学を学ぶ。安政元年（一八五四）米艦渡来の際に密航を企て捕えられた。萩に松下村塾を開いて子弟を薫陶。幕府の条約調印に関し、閣老間部《まなべ》詮勝《あきかつ》の要撃を謀って捕らえられ、翌年、江戸で斬。

(88) 大石蔵之助（一六五九―一七〇三）兵学を山鹿素行に、漢学を伊藤仁斎に学ぶ。元禄十四（一七〇一）年主君浅野長矩《ながのり》が吉良義央《きらよしなが》刃傷で切腹、国を除かれ、同志と共に翌年一二月一四日、吉良邸に討入り仇を報い、その翌年二月四日切腹。

(89) 柳生但馬守（一五七一―一六四六）江戸初期の剣客。宗矩。新陰流の達人。大和国柳生庄で二千石、大和で一万二千五百石。

(90) レンブラント（一六〇六―一六六九）オランダの画家。光線の扱い方に独特の効果。「夜警」「自画像」など。

(91) スピノザ（一六三二―一六七七）オランダのユダヤ系哲学者。神が唯一の実態であり存在で、神即自然である。この神の属性中、われわれが認識できるのは意識と拡がりだけとする。『エチカ』など。

(92) イプセン(一八二八―一九〇六)ノルウェー。劇作家。自然主義派。近代劇の祖。『人形の家』『民衆の敵』など。

(93) ビョルンソン(一八三二―一九一〇)ノルウェー。小説家・劇作家。素朴な農民小説や歴史劇を書き、近代的題材を近代的手法で描く。『アルネ』『マリア・スチュアート』『若き葡萄の花咲くとき』など。一九〇三年ノーベル文学賞受賞。

(94) ストリンドベリ(一八四九―一九一二)スウェーデンの作家。強烈な個性を持ち、前世紀末の矛盾動揺に悩む人間を追究。『女中の子』『痴人の告白』『父』『令嬢ジュリー』『死の舞踏』など。

(95) メーテルリンク(一八六二―一九四九)ベルギーのフランス語圏の詩人・作家。『ペレアスとメリザンド』『青い鳥』など。ノーベル文学賞受賞。

(96) コロー(一七九六―一八七五)仏。画家。銀灰色の夢幻的な風景画で知られ、また、鮮明な色彩の習作風景画と人物画で再評価された。

(97) マネ(一八三二―一八八三)仏。画家。印象派の指導者。大胆な筆触と豊かな色彩。「オランピア」「草上の昼食」など。

(98) ゴッホ(一八五三―一八九〇)オランダ生まれ。後期印象派の画家。強烈な色彩と激情的筆致。野獣派に影響。

(99) セザンヌ(一八三九―一九〇六)仏。画家。後期印象派の巨匠。フォービズム・キュービズムなどの先駆。画面内の形や色の造形的価値を探究。

(100) ボズウェル(一七四〇―一七九五)英。伝記作者。伝記文学の傑作『サミュエル・ジョンソン伝』を書く。

(101) フリードリッヒ大王(一七一二—一七八六) プロシア王。啓蒙専制君主の典型。一七四〇年即位。ヴォルテールら仏の啓蒙思想家に親しむ。七年戦争でオーストリアを破り、シレジアを領有、ポーランド分割に参加して領土を拡張した。

(102) フリードリッヒ・ヴィルヘルム三世(一七七〇—一八四〇) プロシア。ホーエンツォレルン家から出た第五代国王。一八〇九年にベルリン大学を創設。

(103) ベルンハルディー(一八〇二—一八八七) 独。歴史家。外交官。著書に『将帥としてのフリードリッヒ大王』など。

(104) 国学・史学・神道を基幹とした国家意識と儒学思想とを結合した学風。光圀の『大日本史』編纂に胚胎し、王政復古に大きな影響を与えた。

(105) ラガルド(一八二七—一八九一)。「ドイツ的な」宗教と並んで、ドイツの民族性にふさわしい国家を要求し、新しいエリート主義の教育を希望したロマン主義的新保守主義者。

不徹底なる対支政策を排す

一九一六年

引退してからの十年を振り返る

私は政界の破産者として、党派生活を隠退してからほとんど十年を経過し、また東洋政局の中心問題である対支政策を語らなくなってまさに十年近い。私はもとより時代の活勢を無視するのではなく、国家の発展、国際関係の変遷、特に東亜の形勢に関してはひそかに沈思してきたのである……。

かえりみて思うに、十年の星霜は短いようで短くはない。この間に世界の政局は幾変転し、東亜の形情はまたすこぶるその事相を異にして来た感がある。さきには憲政調査のために出洋（外務）大臣を派遣してその事業半ばで清朝がたちまち倒れ、袁世凱[1]氏が起こって四百余州（全土）に号令したが、しかもその後の波瀾曲折にいたっては誠に言うに忍びなく、今やすでに袁氏は逝き、黎元洪[2]氏が大総統に任じ、局面は一時小康を得ようとするかに見えるが、先行きに関してはいまだ容易に楽観できないようである。私はこれを大局から通観して、支那は依然として十年前の支那、国家の生物学的見解、歴史的行程、文明的進歩の上から観察すれば、十年以前の支那とほとんどその実質的内容が異なっていないかの感がある。

およそ政治で貴ばれるのは、その高処に着眼して徹底的方策を誤らないところにある。たとえ百年不磨の大策を確立するのが難しくても、少なくとも十年不変の政策を樹て、これに準備して機に臨み変に処して内外の時務を断じなければならない。私の見地に立ってわが対支外交を眺め、支那および列国の実情に鑑みるならば、清朝亡びて共和成り、袁氏死して第二革命[3]にいたる。その変遷は単に事相の表面に現れた波紋にすぎず、対支問題の解決難は依然としてあり、列国の支那を遇するのもまた依然としたままと考える。ことに大隈内閣の出現後において、かつては一たび定まろうとした日支結合の精神的意義を沈み滅ぼし、かえってわが国策をかきみだし改める嫌いがあるのを免れないのは、私の痛恨禁じ得ないところである。

セカンド・ハンドの対支政策

そもそも日支両国の関係は、根本的に利害がかけ離れている甲国と乙国とのような差別的政策を容れるべきものではない。これを文明的にいえば、支那は、日本の隣国とみなす明確な自覚意識と合致しない。広く世界の国際的形勢から察して、日支両国の地位および利害を達観するときは、アジアはまさに一団となって対白人国との競争に堪える防衛的かつ自主的立場を擁護しなければならない。この意味において、支那は日本にとってあたかも国内的関係を有し、同一圏内に立つ文明的領域であることを切実に認識することを要する。この明白な自覚がない限り、対支政策の徹底的理解を得ようとすることはとうてい期待できない。

ところが邦人が対支政策を論ずると、はなはだ多くはセカンド・ハンド〔追随主義〕に囚われ、あるいは一部の支那浪人のために誤らされて、全局を見る明を蔽われる憾《うら》みがある。前者は、英人の知識、米人の支那観、独人、仏人、露人の記述した書籍を通じて支那に対する外交を策案し、後者は、宗社党[4]と結び袁氏と提携し、あるいは革命党のある一派と気脈を通じて専らその計画を進めようとする。それはすでに英人の知識に基づいて対支外交を語り、したがってそのある者は日英同盟によって日本を牽制しようとする愚を悟らず、米人や独人その他のセカンド・ハンドに固執するものも、日支両国の関係について適実正当な意見をもてないことが知られる。支那浪人の中には至誠をもって両国の慶福を願って、一身一家の安危を忘れて勃々とした犠牲的精神を蔵するものがないではない。この種の人士は、その志は大いに感ずるところがあるが、その思慮識見に果たして欠けるところがないものが幾人いるだろうか。いわゆる支那のほんの一部を見ただけで支那そのものが理解できるとし、あるいは袁氏の門を過ぎその邸を横切って早くもすでに支那を知ったと称し、あるいは単に孫黄ら(5)と交わり、あるいは宗社党の一部と往来したということで、直ちに対支政策を断ずるべきだと唱えるなどは、いずれもその見る所に偏り、その行う所に執して、局部的利害に拘泥することを免れない。共に日支両国のために善く謀るとはいい得ないのである。

支那に対する知見の不徹底

従来、邦人は東海に孤懸《こけん》する帝国の小地域にあきたらず、この欠陥を支那大陸に求めることを唯一究極の政策であるかのように思惟するものが少なくない。これは日本帝国の文明的、経済的、実力的発展を考慮する達識ではなく、ひとえに土地の広狭のみを標準として国策を談ずる先入見に囚われた誤った考え方である。その結果として、日支両国の地位および利害を差別的に判断し、ひいては両国の関係を紛糾させ、かつ列国にわが国の政策が領土的野心から出たもののような誤解と疑惑を惹起させることになる。これはまさにアジアを一団として日本の文明に包容するという識見方針がないからである。また対支政策の病根といえよう。

仮に前記のような領土的謬想《びゅうそう》に囚われないものであっても、いわゆる利権の獲得を対支政策の第一要件であるかのごとく論議を逞しくするものがある。これはまた欧米人の国際的観念に誤らされて日支両国の特殊な関係を弁《わきま》え体得していないものである。支那を列国の蚕食の舞台とし、互いに区々たる利を争ってその肉を裂き骨を削るようになれば、これはただ東亜の禍乱を誘発するだけでなく、自ら日本の地位を危殆《きたい》に導くことと異ならない。支那を滅ぼし支那を幻滅させて、日本帝国の繁栄を期することができると想像するなどは、思慮に欠けた、また甚だしい勝手な憶測的意見といえよう。日支結合の趣旨を没却した利権獲得病、列国に支那の国力を切り分けさせ去勢させようとする対支政策は、共に支那の不幸を求め、ひいては日本の興隆を害し、自己の文明的領域を挙げたものを蹂躙、角逐、紛乱の渦中に投ずるものである。

率直に言えば、支那を現時のような悲惨な内情を暴露させた主因は日清戦争である。欧米人は支那に対して、その地域の大、その人口の多さ、その歴史の宏遠であるのを見て、東洋の一大雄国であるとし、たとえこれを恐れないまでもなお眠れる獅子の感を懐きつつあった。

当時における日本帝国の地位は、わずかに少数の識者以外は、ほとんどその実力を知るものはなく、むしろその存在すら念頭に置かないという待遇を受けざるを得なかった。ところが日清戦争の結果は、たちまち欧米国民の耳目を破った。そして無遠慮な列強の手は東洋に伸びてきた。日本の開戦はまことにやむを得ない理由があったのはもちろんであるが、支那の弱点を暴露し、列国を引いて白人の辛辣な競争場にしてしまったのは、必ずしもわが国の幸福ではなかった。それ以来の支那のことは言うに忍びない。しかも日本の対支政策が形勢の変化に適応せず、あるいは英人の弾奏に和して踊り、あるいは米独仏露の後ろについて、かえって自ら困悩し、東亜大局の計を策定できなかったその責は、そもそも何人に帰するべきか。私は邦人の支那に対する知見が不徹底であることを第一に挙げざるを得ない。

支那に寄生する益虫たれ

人類は地球の寄生虫であるという。もしこの意味を領土の大小に当てはめていえば、日本はすなわち支那に寄生する益虫でなければならない。誤解するなかれ。ここにいういわゆる寄生の意義は、決して他力他存の内部的侵食をいうのではない。人類なき地球はむしろ宇宙の殻だけで、泰山聳《そび》えて猛獣が走るとしても、文明生活の価値は絶無ではないか。しかし人類は地球上における一種の寄生虫だからといって誰がこれを拒もうか。これと同じ理由によって、日本は支那に寄生して支那の内容を充たし、支那の文明を光輝あるものにしなければならない。

言うまでもなく寄生虫にも善悪の別があり、また無害なものもある。益虫は人身にあって栄養器官の健全を補い、かつ不良の寄生虫を駆除する効能がある。仮に支那を大木に譬えるならば、有害な寄生虫がこれを食することはきわめて猛烈で、日本はこれらの不良の害虫を除き、大木の朽廃を防がなければならない。大木がもし枯死すれば日本はたちまちその生存を危うくするからである。日支両国の関係を形容して唇歯輔車《しんしほしゃ》(6)のようだといってもなおいまだ実効が挙がってない。日本は支那の益虫となって、その栄養器官を健全にし、あわせて列国の蚕食を掃蕩《そうとう》しなければならない。ところが局に外交の任に当るものはこの理を解せず、有害な寄生虫を支那に誘致し、これを除く必要を悟らず、かえって逆にその繁殖を許すという状況にある。日本の対支政策は抗毒作用を敏活にして大木の枯死を防ぎ、枝葉の発育を助長することを眼目とする。自ら特殊な優越的地位を有すると称しつつ、他国にひきずられて列強の鼻息を窺《うかが》うのに汲々とするのが果たして日支親善の要義に適うというべきか。大隈内閣が欧米各国に諮《はか》って牽制中止を勧告したのは、むしろ自ら日本の特殊な優越的地位を擲《なげう》って列国の発言権を均等にさせるのと異ならない。戦後に至って臍《ほぞ》を噛む悔いがなければ至幸である。

世には日英同盟および日露協約を唯一の権威として、支那のことは敢えて憂うる必要はないと説くものがある。私もまたこれによって支那四億人民の福祉を増進させることを切望してやまない。しかしおよそ同盟といい協約といっても、わが実力が伴わなければ結局は一片の反古となるのみ。否、もしわが実力が欠けているならば、いたずらに二重三重の圧迫を受け、ますますわが対支政策を拘束し牽制されるだけである。このゆえに日支結合の根本義は両国の精神的融化にある。精神的融化は、文明領域の共通共同状態の下にあることを明確に体認することにある。そしてそうなるためには、日支両国民が誠意を披瀝して肝胆相照らすことにある。どうして区々たる利権を口にできようか。

東亜経済結合の緊要

さらに思え、ドイツは率先して中欧関税同盟(7)を結成して戦争以上の効果を挙げようとし、連合国はこれに対抗して防衛するために経済同盟会議(8)を開催し、わが政府もまた現に特派委員を送ったのではなかったか。ところがパリ経済会議に特使を派遣した日本が、東亜の経済的結合については何の施策も急務としなかったのは本末顛倒も甚だしいものでなかったか。これがすなわちセカンド・ハンド主義の外交に類する実証である。ドイツの中欧関税同盟を聡明な手段であるとし、連合国の経済同盟会議を緊切な要務であるとすれば、日本はこれよりも数倍の熱心と用意と計画を立てて東亜経済同盟を成就させなければならない。これを思わずに日支親善を説き、唇歯輔車を喋々することに何の実益実効があろうか。些細な日支および満洲銀行案(9)などは杓子で大海の水を汲むようなもので、五国連合借款(10)に拘泥して対支経済の救済を論ずるのもまた東亜経済同盟の趣旨と相へだたることすこぶる遠い。私は日支提携の最大要件として、何事をさしおいても、まず経済的結合を具体的に促進しなければならないと信じる。そうであればこそわずか二億未満の正貨もちすぎを西人に嘲笑されることはないだろう。

支那の現時の苦痛は財政の糜爛《びらん》していることにある。国庫の窮乏は言語に絶し、幾多の紛乱はこれらに胚胎し激発する。黎元洪氏が新たに大総統に就いても、この欠陥が救済されなければ、決して支那の安定は得られない。必ずしも支那の民力が疲弊したというのではない、富源が枯渇したというのでもない。沃々たる山野は無限の富を蔵し、四億の民は個人として貧しさに悩むという状況ではない。ただ財政の制度がいまだ改まらず、経済の組織がなお幼稚であるだけである。支那を救う道はこれを刷新し振興することを急務中の急務とする。東亜経済結合の方策がここにおいて緊要であることは、中欧関税同盟もしくはパリ経済会議の比ではない。この実効方法については私の胸底に算がないでもない。数年来すでに具体的計画を案じてこれを同志に質し徹底研究を怠っていない。今はただ大局より観察して日支両国の徹底的方策が何かを明らかにしようとして、所見の一端を陳述しただけである。

注

（1）袁世凱（一八五九―一九一六）中国の政治家。河南項城の人。一九一一年辛亥革命によって首相。一二年清帝の退位後、中華民国初代大総統。ついで自ら帝位についたが失脚。

（2）黎元洪（一八六六―一九二八）中国の政治家。湖北省の人。一九一一年の革命に南京政府臨時副総統。一六年中華民国第二代大総統。二二年再選、翌年追われて政界を引退。

（3）一九一五年一二月、袁世凱が皇帝に推戴されると、蔡鍔のひきいる雲南の護国軍が蜂起した。これが第三革命で、反袁の動きが一挙に表面化、帝制は取消され、一六年六月、袁世凱は病没した。

（4）清末、辛亥革命の勃発にあたり、共和制に反対して清朝擁護を主張した皇族載洵・耆善や満人良弼らの党派。

（5）孫文と黄興。一九一三年七月、共に反袁の第二革命に同調し鎮圧される。

（6）『左伝』僖公五年より。輔はほお骨、車は歯ぐきの意。相互の利害関係が最も密接で、一方が亡びれば、他方も立ちゆかないような関係。

（7）リスト（一七八九―一八四六）によって提唱された「バルト海からアドリア海まで」の地域を含む関税同盟の構想が、汎ゲルマン主義との重なりをみせて、バルカン諸地域から中近東まで含まれるようになったのを踏まえたものであろうか。ナウマン（一八六〇―一九一九）の著『中欧 Mitteleuropa』（一九一五）の中で、第一次大戦後にドイツ帝国とオーストリア＝ハンガリー帝国が、経済的政治的に統合され、その影響下に入るべき「中欧」は、「ベルリンからバグダードまで」とした考え方を、後藤は下地にしていたのかも知れない。

（8）一九一五年六月三日、パリで第一回連合国戦争経済会議が開かれ、経済的共同体制樹立を決定した。翌年六月一四日にもパリで連合国経済会議が開催されているが、この会議を指して、後藤は経済同盟会議と称したものであろう。

（9）一九〇八年に、奉天駐在米総領事ウィラード・ストレイトと奉天巡撫の唐紹儀が協力して案出した計画にはじまる。満洲開発のために米国などからの投資を呼び込むことを目的とした。満鉄の買収案も含まれていたが、それに日本が応じない場合は、満鉄に競合する錦愛鉄道を建設するという脅しも含まれていた。この問題は、米国タフト大統領のドル外交にも尾を引いたのである。

（10）一九一二年四月、袁世凱を大総統とする共和国が成立するが、この年の暮から翌年にかけての中国初の国会選挙で袁の与党が敗れ、国民党が勝利した。袁はひそかに独裁を目指し、国民党の中心人物宋教仁を暗殺、国会の権限をふみにじり、英、独、仏、露、日の五国銀行団から二五〇〇ポンドの善後借款を結んだ。列強は公然と袁の北洋軍閥を応援しはじめたのである。孫文・黄興らは反袁の武装蜂起、すなわち第二革命を起こしたが鎮圧された。

シベリア出兵意見

一九一八年

連合国に対するドイツの持久的抵抗力

欧州戦争の終結がいつになるかは、誰も予測できない形勢となっている。そしてこのように前途遼々の形勢をもたらした責は、主として米国に帰せざるを得ない。

英仏露伊の実力が次第にその勢いを弱めようとする際、にわかに米国が加わったために、連合国側が米に期待するところはにわかに増大して、あるいは過分の依頼を米に求める観がある。最近伝えるところによれば、米国の緊張の程度は日一日とより甚だしくなり、その過分の自信力は連合各国の上に出ようとし、緊張に次ぐ緊張をもってすれば、ついにはその停止するところを知らないまでにいたるやもしれない。米国がこのような形勢をもたらした目的は種々多様であるが、その真意が果たしてどこにあるかは、公平な批評者の疑問を招かざるを得ないだろう。

最近パリ会議における連合各国の間で討論された状態に、米国の実情を照考すればさらにその疑いを深くせざるを得ない。なぜならば、当初露国の近状に鑑みて、その処置対策を講じようと主張していたが、忽然と一変して有利な戦勝的成果を議する勢いに傾いたからである。しかも何ら目的を達するべき結論を見ず、いたずらに持久戦を計画してこれに対峙させようとするのは、必勝的打算がなく単に戦禍を長引かせるいわゆる非人道をもって擬せられても何といいわけできるであろうか。

眼を一転してドイツの形勢を察するに、その窮迫に名状できないものがあるのは瞭然であるとはいえ、それでもこのような持久戦的計画に対して屈従に甘んじはしないだろう。あるいは恐れる老獪《ろうかい》な独帝は、パリ会議の情報を得て冷然と微笑を漏らすことがないかを。実際ドイツの真情は、一方で窮迫が想像以上であっても、これと同時にあらゆる苦計を施して、他方に有望な新生面を披《ひら》いて進もうとする様子があるのは、想察に難くない。そしてその窮余の計画はいよいよ出ていよいよ奇、かつその手段の悪辣なことは人の意表に出るものがある。殊に最近露伊に対する戦略謀計の陰険なことは、伝えるところが果たして真であるとすれば、誰が驚愕を禁じられようか。しかもそのことはその一部において時の艱難《かんなん》を救う効果を収めつつあるようだ。すなわち北方露国における冬季戦に費やすべき戦闘力を緩くしてこれを貯養し、南方イタリア、バルカン、ペルシャを伐つのに転用しようとするのは、寒地戦を暖地戦に移そうとする計に出たものではないか。殊に露国に向かっては巨額の金を投じて、兵家のいわゆる戦わずして勝つという狡猾な策を弄するもので、のみならず、軍器材料なし糧食の欠乏を露国の天産物に頼って補足するという長計を採ろうとしている。これは単に露国に対してそうであるだけでなく、バルカン方面に対しても、侵略と同時に同一の計を施用するだろう。すなわち米国の参加によって得た連合国側の実力に対抗すべき持久的抵抗力が、次第にドイツの手によって培養されつつあると見るべきである。必ずやかのドイツは一層飛行機潜航艇を併用して侵撃の勢を取り、応接に暇ないようにするであろう。

東洋平和と自衛のための百年の計

このように非常に危険な時態に臨み、しずかにわが帝国の現状を察すれば、疑惑寒心を自ずから措くことができない。試みにその要旨を下文に挙げて、憂国識者の教えを請いたいと思う。

一、帝国がドイツに対して宣戦した当初にあっては、内は遠大な計を立てず、外には機略を誤ったために、その余累が延びて今日に及び、上下はややもすれば目前の貿易が盛況であるのに眩惑され、少数の識者以外の人々は、往々にしてその身が戦時にあることを忘れ、惰風《だふう》家国に満ち滔々《とうとう》長夜の安眠を貪りつつある現状を顧みれば、国家の将来のために至大な憂慮に堪えないこと。

一、帝国が世界戦争に加わった当初においては、諸多の失計を免れなかったが、それ以来反省するところがあって、参戦の程度を適正に導くことに努力し、殊に欧州出兵については実際不可能である理由を表示したこと。

一、帝国は欧州出兵を承諾しなくても、戦争参加のために重大な任務を負い、かつ今日にいたるまで偉大な効果を連合国側に与えた。特に太平洋の安全を保持し、連合国に東洋諸国における幾多の紛乱を顧慮する煩擾《はんじょう》を免れさせたのは、ひとえに帝国の援助によること。

一、支那の内乱はいつの日を待って鎮定されるのか。前途漠然として測知できない。露国の近状は宛然として乱麻のごとし。その禍害が東洋全面に波及することは明らかである。この危急の時に際し、東洋鎮護の使命を帯びる帝国として、長く連合諸国のために太平洋の安全を保障し、東洋全面に対して何ら後顧の患いをなくするのは、実に容易の業ではない。かつ帝国自衛のためにも一大経略を講ぜざるを得ないこと。
一、もしドイツが上のような形勢を巧用し、露国の鉄道に沿って軍事的駐屯地を一歩一歩進めて来て、ついにウラジオストックにいたるまで奪略し、ハルビン駐屯地に百を数える飛行機を派遣し、かつ鉄道によって潜航艇を輸送して来て、黒龍江沿岸ないしウラジオストックにいたる諸港中、小造船所を有する各地においてこれを組み立て、まず若干の潜航艇を放って吾人の安眠を驚破させ、暴行を太平洋上に試みるということが絶無であるとは期し難い。思いここにいたれば、肌が粟だつのを覚える。このような場合を予想して、確然たる自衛の方策を講ずることは、今日焦眉の急務であること。
一、帝国は上のような非常の形勢に対し、自ら安如として何ら国策を講ずることなく、一日の安を偸《ぬす》み、百年の大計を立てないことは許されない地位にあると自覚しているのならば、まず下に列記する事項について、審思熟考して適当な対策を講究することが、実に至緊の急務であること。

シベリア出兵論

一、元来自衛的であって侵略的でない帝国軍隊の本旨より見て、欧州出兵は不可能であるが、太平洋上に敵襲が近い近隣の領土に危険が及ぶときは、東洋鎮護の意義のほか、さらに自衛上相当の準備がなくてはならないこと。

二、シベリア出兵も前項の理由により、遠征的出兵は必要でないが、現に禍害が尺寸の間に切迫して来るときは、攻守両全（攻撃的防衛）の策を講じ、その接近した黒龍ウラジオストック方面における軍事的防衛を辞してはならないこと。

三、米国がウラジオストックおよびイルクーツクに巨多の鉄道材料を輸入し、時宜により、露国に代わり鉄道輸送の任務に当たろうとしているのは、昨日今日の思いつきではない。帝国が何らかの方法でこれに参加しようとすることは、最早今日となっては至難であろうが、もし兵力でこれを保護する場合、日米両兵の混成隊ですることも、また策を得たものではないので、あらかじめ米国と懇談を尽くして、材料供給を米国の力に待ち、速やかに経営の任は帝国に委任させる策を講ずるべきこと。

四、前項の目的を達するためには、最近の露領各地方および支那の状況、ならびにようやく太平洋上に危険が切迫して来る真相を略叙して、英仏米三国の意向を探り、かつ彼らに快く帝国の計画ならびに実行に賛同させるために、至急帝国より丁重な照会を発するべきこと。

五、仮に欧州に百万の兵を出すものとすれば、その武力を持続させるに足る一カ年の軍費は、恐らくは百億円以上に達するだろう。またシベリアに限り百万の兵を出すものと仮定しても、なお日露戦役当時に倍し、すなわち一カ年五〇億円を下らないだろう。これは現時の実情を考えると避けられない負担となるべきこと。

六、世上に言うところの出兵は、征服の目的を達し、降伏させることを意味する用語であるので、かりそめにもその目的を達することになれば、いたずらに退守することは許されないが、以下において言おうとする出兵はこれとは別個の意義を有するものでなければならないこと。

七、露国の近状を審察し、連合国側との協商により、ウラジオストックより露都にいたる鉄道線路を宰理するのに必要な警備軍を帝国から派遣するものとすれば、すなわち戦時警察的意味において出動するものであるので、もとより征服を目的とせず、また降伏を要求するものではないゆえ、均しく出兵と言っても、両者の違いを同日に談ずるべきではなく、今回の臨時軍隊の出動は必ずしも不可能ではないこと。

八、前項の理由により、必要な場合において、黒龍江沿岸の一部ないしウラジオストックを占領して、太平洋沿岸ならびにその海面における敵襲を防御することは、帝国政府の欧州出兵は不可能とする主張と何ら矛盾するところはないので、あらかじめ関係諸国の同意を得て、極力これに当たる覚悟があるべきこと。

九、黒龍江ないしウラジオストックにいたる沿線を完全に占領して、その治安を維持しようと望むなら、勢いハルビン、イルクーツクもしくはバイカル以東における各地にわが警備軍隊の駐屯を必要とすべきこと。

一〇、上文の場合に対する陸海軍の新勢力すなわち飛行機、最近の重砲ならびに潜航艇その他近代的兵器の充実を計画すべきは、寸刻も猶予できない急務であって、現に提案する予算をもって満足すべきではないこと。

一一、外務当局の報告によれば、ハルビンその他の地における露兵の乱暴を鎮定する目的で、中華民国が若干出兵するとのことであるが、中華民国には自ら内乱を鎮圧する能力すらない。何の余力があって外藩辺境に出兵することができよう。是非とも帝国政府は中華民国を諭して出兵を止めさせるべきこと。

一二、帝国は以上叙述する趣意で、この頃無政府の状態下にあるハルビンの急難を、中華民国に代わって自ら救護する覚悟をしなければならないが、その費用はもとより欧州出兵の幾分の一で足り、そのために帝国の負担を過大にすることがないのは明白であり、ややもすればいわゆる三〇年戦の惨禍を再び実現しようとする今次の戦局を短くするため、人道上および自衛上適当な努力を惜しむべきではないこと。

世界の変局に対する日本の国際的地位

一九一八年

国際社会の一大転換期

ウィーン会議(1)以後、約一世紀の平和をおさめ得た、かの欧州列強の勢力均衡は、のちようやく、ゲルマンの森林に潜んで生成の進化をとげたプロシアの、政治上、経済上の急進的発展のために、ここに激しい破綻の運に会し、ついに一九一四年の夏、バルカンの一角に起こったオーストリア皇太子暗殺の凶変が動機となり、世界進化の歴史上に、強い一線を画す、大規模な、そして悲惨な、目下継続しつつある現戦争の勃発となったのである。しかも現戦争が、人類が地上に現れて以来、世界の史上にかつて発見できない大規模であり、かつ現代の文化に啓発された民族に、最も痛烈な刺激を与える人類生活上の惨劇であるだけ、その戦争的影響を受けて将来に顕現されるであろう諸般の結果的事象も、必ずおびただしい変化をもたらすであろうとは想像に難くない。ことに現戦争の渦巻に投じた東西の交戦国家は、現時の戦争的事実に鑑み、やがて現前する戦後の国際新社会において、さらに戦前の国家経営方針より、その内容を異にする新たな方針によって経営されるべきことは、すでに戦争継続中における事実から容易に推測される問題である。

したがってこの事実、この推測よりすれば、世界は一九一四年をもって、間断なく進転してきた文化史上、国際生活史上、一大エポックを開き、これより「新しい文明」の建設が始まり、従前とは異なった「国際新社会」の発生となり、さらにその伸展するさまざまな方面に著大な変化を及ぼすことを予想しなければならない。すなわち現戦争の勃発した一九一四年は、一八一五年ウィーン会議が終了して以後、長く維持された世界文明、国際社会の一大転換期を画するものである。

平和確立後の世界

もとより私は、世界が世紀を替えるごとに「旧文明を破壊」して「新文明を創造」し、そして「欧州列強均勢」の変革を余儀なくするという宿命的機械観の哲学説を正当な見解であると主張するのではない。しかし戦争という一種の暴風勃起に際会した世界は、目下全的革命の過程にあり、溶解された流動体は、次に新しい鋳型に打ち込まれる運命を強要されつつある事実に眼を覆うことはできない。

もちろん平和の暁鐘が打たれ、やがて到来すべき平和会議において、国家経営方針が戦争という実試験を経て、かつ戦争という惨劇によって溶解しつつある世界が、どのような鋳型によってたたき出されるか、それは、戦争の継続中においては、単なる推想のほかに則るべきものはなく、その確かなところは、幾多の観察の総合知によって帰納的結論を得るのみである。そして現実において、ベルギーおよびバルカン諸国小国家の滅落、ロシアの革命および過激派の政権把握、シベリアに対する共同出兵、連合軍の攻勢維持、国際的経済同盟の締結、米国の経済的軍事的発展に伴う国際的権力の重心移動、その他各国の政治的変動および政治主義の変化、ならびにこれに随伴する政策的変化などが見られた。さらにこのような国力および政治的変動のみならず、国民各個の生活的意識および生活的様態の変化など、すべてにおいてその変動的事実の現前、あるいは変動的傾向のすでに著しいものを認識せずにはいられない。

したがって「平和確立後の世界」は、戦前とまったく色彩の異なった「全的革命後の世界」

として、あらゆる方面に驚異すべき事実をもたらすことは、もはやわれわれのかかげる説を待たずに明らかである。また連合側協商与国は、目下共同の理想的世界を建設するために努力しつつあるが、しかも各国家は、前述のように、やがて産み出される新世界における国際新社会の重心的威力を持つために、一層大規模な国家経営方針を政策運用上の基調とするだろうことも、現実の状態から推測して、きわめて容易に透観できるのである。

それでは日本は、この開国以来の世界的大戦乱に処して、どのような措置をとったか。そして日本は、いかなる現実にあり、傾向にあるのか。これは何人も充分に研究しておかなければならない問題である。

日本の出兵

そこでわれわれは、今日本について観る。前にも言ったように、目下継続しつつある世界的大戦乱は、有史以来、いまだかつて世界が経験したことのない程度の大戦乱であるが、ただ日本は、戦争原因について他の欧州交戦国のように、直接中心的関係者とならず、また地理的にも交戦中心地帯から遠隔であるために、ややもすれば大戦乱そのものの意義と影響を軽く取扱う傾きがないとはいえない。

しかし日本は、日本としての重大な使命、回避できない本分のために、一九一四年、ようやく戦争的規模が拡大しようとする時に当り、日英同盟条約の締盟に基いて参戦し、偉大な天職を帯びて協商側連合与国に対し、以後軍事上・経済上、多大な貢献をしてきた。そしてこれは実に日本がその参戦以来、終始一貫して対戦政策の要諦としてきたことで、今さら疑惑の余地のない事実である。

また最近においては、革命によってロシアが崩壊して以来、「独禍東漸《どくかとうぜん》」し、わが領土に隣接するシベリアにドイツの勢力伸長による危険が影響を及ぼそうとするのを憂い、ここに米国と協調を遂げ、日本はチェコ・スロヴァキア救援軍を派遣することとなった。改めて説くまでもなく、日本のウラジオストック出兵は、すでに当時の政府が宣明したように、日本は、ロシアならびにロシア人民に対する旧来の隣人としてのよしみを重んじ、「ロシアが速やかに秩序を回復し、健全な発達を遂げることを衷心から切望」している点において、何ら戦前と異なるところがない。この心情は日本がロシアに対して懐持する誠実で厳粛な観念の発露である。ところが、近時ロシアの政情が意外な混乱に陥り、また「外からの圧迫を防御する力がない」のに乗じ、中欧諸国がこれに圧迫を加えることといよいよ甚だしく、その「威圧は遠く極東露領に浸漸」して、現に「チェコ・スロヴァキア軍の東進を阻止」し、その軍隊には多数のドイツ俘虜が混入し、その「指揮権を掌握する事跡が顕然」となった。元来このチェコ・スロヴァキア軍は、早くから「建国の宿志を懐き」、終始「連合列国と共同対敵」するものであるから、その安危にかかわること、ひいては連合与国に影響することは決して少くない。そこで政府は米国の提議に基いてその友好に酬《むく》い、かつ派兵において連合列強と共に戦い、信義に基づく行動の成果をあげるためにウラジオストック出兵となったのである。

さればこの場合におけるわが連合与国共同の敵国となるのは、依然としてドイツであって、ロシアおよびロシア人民ではない。したがって「ロシアの領土保全を尊重」し、その国内政策に干渉しない既定主義、さらにシベリアの秩序回復、東洋平和の保障、日本の使命的目的を達成した暁において、政治的または軍事的にその主権を侵害するものではないこと、ならびにその出兵が日本としての使命、「正義人道を基底とする平和保障のための行動」であることを、当時中外に宣明したのである。

「戦争気分」がない

しかるに一般の批評は果たしてどうであったか。日本の出兵が実に東洋に国家的生命を維持し、拡大し、伸張すべき日本としての自然的大使命に基づいた行動であるにもかかわらず、あるいは単に軍事上の見解にのみ囚われ、狭義的推断をほしいままにする傾向はなかったか。

ことに日本の地位が、欧州交戦地帯の中心点から遠ざかり、軍事的参戦行動としては、青島攻撃、南洋占領、チェコ救援に止まった関係上、欧州交戦諸国のように戦争的刺激および教訓を受けることが希薄なため、いまだ現前の事態に対する正当な見解をもてない憾《うら》みがなかったか。またこの武力的争闘の性質――もちろん敗戦はなく絶対的に必勝性のものである――が、従来の戦争観念とその趣が異なって、一発の砲声も国民の戦争的情感を湧き立たすという興味性を喚《よ》ばなかったため、わが国一部の見解によれば、日本の現在の状態には「戦争的気分」が少なく、「戦時気分」がないのに出兵したというような議論も現れているのである。

しかしこの観察は、ただ武力的・軍事的一面観であって、的を射たものではない。まさに日本は武力的・軍事的以上のものを天職としてきたのである。ゆえに国際生活に立脚する日本としての大使命を自覚したならば、現実的および直接的な一部的な一進一退、生命と財政の消耗による民族の戦争的情感をそそることの価値いかんよりも、精神的・道義的・形而上的に、より大なるものがあるだけ、より大なる「戦争気分」が澎湃《ほうはい》として国民の胸底にあらねばならない。要するに「戦争気分」があるとかないとか言うのは、戦争に対する観察の出発点の相違――それは主として、戦乱に対する自覚の程度の差異より生ずる――を語るにすぎない。

東洋の盟主としての日本

一部の論者、（あるいは多数の現在の日本国民）が観察するように、現実の日本の対戦状態では、「戦争気分がない」ということは、われわれであっても、その内省によって同感を禁じえない。しかしわれわれは、決してこの観察が真理であり、正常であり、かつ国家の経綸から観て、日本のためにとるべきものとして全的に承認することではないのである。前述のように、いわゆる「戦争気分」ということについての一般の観察は、きわめて狭義（または皮相）のものであって、軍事的・武力的方面からのみの一面観に止まっている。それは、戦争に対する国民の一時の興奮を望む没理性的なものではないか。

言うまでもなく、わが日本は武力的争闘以外に東洋の盟主としての大使命をもっている。そしてこの大使命の上に立って出兵を断行し、かつ諸他の方面において参戦の意義を発揮しなければならない。しかるにその真意義をも考察しないで軽々しく政府の行動を非難し、現在交戦国の一員として与国の共同目的の達成と実現とのために、共同行為をとり、東洋に対する日本の本然の道としてその経綸を実行すべき責務をもっているにもかかわらず、何ら前後の思慮もなく「戦争気分の熟成如何」を非議するなどは、かりそめにも東洋の盟主として日本を経営し、世界に威信を維持して国際生活をするものの言動とはいえない。ましてやこのような日本の自衛上、さらに対世界政策上、日本天賦の使命として為すべき行為を、大声叱呼して党派的国内政争の具に供するに至っては、実に思わざるも甚だしいものである。

最近の各新聞の論調を瞥見すると、当初はもっぱら対戦政策を卑近に考え、単なる眼前の狭くて小さな動機と経綸とによってのものだとして、非難攻撃したものが少なくなかったが、今や大きな自覚を促がすようになり、国民意思のドン底に横たわる欲求を理解し、国民の満足は決して近い意味の昂奮だけではないということを知るようになった。そして対戦の気分あるいは根本動念が、実に広く深いものであることがようやく判明してきたようである。

要するに、日本国民は、東洋に対し、世界に対する自然な責務について、広くかつ深い理解と自覚とを必要とする。しかもその理解と自覚とは、自然の成金熱とか、あるいはこれを非難攻撃する非成金熱というような、浮動的情感とは万里の差がある。現在の日本には公正な文明批評家ないしは国家の経綸を念とする高等批評家に乏しく、その多くは厳正でなく偏っている。急激な世界の変局に処し、激烈な将来の国際競争舞台に出るに当たって、私は、日本を完全に指導し誘うべき、政党員、新聞雑誌記者、学者、実業家、政治家などが、諸般の方面に「三世〔過去・現在・未来〕を通観」し、「内外の情勢に透徹」した世界的具眼者としての知見識量を涵養されんことを切に望んでやまない。少なくとも現在のような事実の推移や継承は、日本の前途を危険に導くおそれがないか、憂慮にたえない。

日本の経済的発展

そもそも目下継続しつつある世界的大禍乱が、欧州交戦国の、すべての文化事象に全的革命に等しい変動を与えるべきことは前述のようである。また日本も、その形象および内容において、多少の相違こそあれ、戦乱継続中に発露された変動事象から観察しても、政治上・経済上・社会上などすべての方面に、幾多の革命的大変動が生ずることは、今ここに縷説《るせつ》する必要を認めないほど、顕著であり、かつ重大である。そしてこれらの種々の変動のうち、その最も大きなものは、経済事象であろう。

従来わが日本が、現戦争の影響を受け、その経済上においては、ほとんど中立国的地位に立っていた当然の結果として、あたかも「戦争不参加による利益」に等しい効果を獲得し、単に内容を詮索しない外面観察――表現された統計的数字――からのみすれば、戦前に比して想像に絶した偉大な向上、躍進、発展を遂げた。試みに経済的発展を実証するために、その端的な表現であり、象徴であり、体現である対外輸出貿易を観れば、戦争の初期において、（一）欧州品の補欠として東洋はもちろん、新たにインド、露領アジア、南アおよび南米など各地に大きな市場を開拓したこと、（二）ロシアはもちろん英仏伊など各国に対する軍需品供給が頓《にわか》に増大したこと、（三）米国がわが国より遥かに戦争成金国となり、その経済界は空前の活況を呈したため、同国に対する生糸諸雑貨をはじめ、各種商品の売行が甚だ良好であったこと、（四）銀価騰貴のため為替上銀貨国に対する輸出を夥《おびただ》しく優良にしたことなどの結果として、わが国多年の逆勢を一変させるに至ったのである。もちろん現在においては、米国の参戦があり、交戦諸国の戦時経済政策の拡張および励行があり、ロシアの革命および単独講和があり、またわがシベリア出兵に基く事業経済界の変動があり、したがってわが経済的進展の構成要素として前述のような従前と同一の観察は下せないが、数字に従えば、開戦以来のわが輸出貿易の超過は、大正四（一九一五）年においては一億七千万円、同五年においては三億七千万円、同六年においては五億。そして本年（大正七年）は前に言ったような種々の変動はあっても、世界の需給的関係は依然大勢において同一であるから、やはり六年度と大きな差異はないと推測されている。さればこの貿易界の隆盛とあいまって、既設事業の拡張、新設事業の勃興など、企業界の振興は空前の観を呈しつつある。これらの事実は、すでに多くの論者が言うように、いわゆる「日本経済史上における最初の記録」を作るもので、真に平和的な革命的発展ともいいうる。

しかり。それはまことに「日本経済史上における最初の記録」である。われわれは決してその事実と観察とに反対する者ではない。しかしながらこの経済界の振興が、果たして日本にとって永久的な幸福の前提条件となるのかどうか。換言すれば、日本が世界に活動する財的要件、富国としての内容充実を保障できる程度のものであるのか。この重要な点に想いいたるとき、われわれは世上に見る経済界振興の随喜者に雷同しがたいのを遺憾とする。ことに第一に成金熱の旺盛はもちろん、第二には成金否定の攻撃運動が勃発するようなことも、ともにこれは貧弱国民が幾千の金を抱擁した現実暴露の悲哀ではあるまいか。かえりみれば日本が、現在の戦争によって得た経済的利益というものが、戦後日本の運命を開拓し、あるいは使命を果たす用意とするのに、果たして余りあるほど充分かどうか。思えばますます悲哀である。

戦争獲得金と損害

さらに私が反復説明するまでもなく、この世界的大禍乱は、世界各国がその国家的維持の上から見て、道理に違い、不合理であり、回避すべきものであるとし、また単なる人類生活の上からしても、災厄であり、惨禍であり、呪詛すべきものであるとして悲痛の声が次から次へとかまびすしい中で、偶然にもわが国に与えられた影響は、欧州交戦諸国が各地の崩れ壊れる傾向に悩むのと異なり、わが国はすなわち「戦争が動因となって向上発展の一途を驀《ばく》進《しん》するという事実を体現」し、なかんずく物質的方面においては「犠牲的提供なしの純利獲得」という幸福に浴した。そこである階級者は随喜した。そしてこの現象は、戦争の継続とともに永続するものであるとして現実の経済状態に惑溺《わくでき》して成金国であることを謳歌し、戦争の継続をひそかに希求しているかのようである。このような謬想は、国際生活に容れることのできない思想であるとともに、世界の猜疑と嫉妬とを誘発し、帝国の経綸に恐るべき反感を招致する危険を醸すものである。ことにこれらは、将来における日本の地位を知らない浅慮の致すところであって、日本が現戦争によって得た富を仮に百億としても、国民が将来にこれより重い負担を要請されることがあることを測り知らないのである。百億の利益は至大であるに相違ない。しかしもしそれが現在の状態の維持であるならば、あるいはその利益よりも、さらに恐るべき国禍としての損害の負担は免れないかもしれないということを冷静に考察しなければならない。

事実上、日本は現戦争において二〇億の正貨を獲得した。それで他の交戦諸国は武力的争闘に主力を傾注し、平和的産業に努力を費やすいとまがないため、産業はますます崩れ壊れる傾向に陥り、日本とその経済的地位を顛倒して、全くの債務国となって終ったというものがあるが、これはまた交戦諸国の実際状態を知らない「結果からの批評」である。あるいは米国などは、中立国時代に巨額の利益を獲得し、かつ現に参戦しつつあるが、なお正貨以上の利益――「戦争参加についての利益」を占めつつある点において、日本に比べて全く雲泥の相違である。その上に一方には戦時および戦後のためにいわゆる莫大な「科学的正貨」を蓄蔵し、将来の潜勢力を充分に涵養しつつある。また中欧同盟側のドイツは連合側に比して最も苦痛を極めると伝えられているが、連合国交戦列強に比しては遥かに物価などは低廉で、しかも科学的能力においては世界に冠たるものであるがゆえに、科学的能力のみでも実に恐るべき勢力である。この点において、米国などは、「戦争不参加による利益」と、「戦争参加による利益」と、「偉大な科学的能力」を併有しているから、世界政策の可能性とその絶大な弾力とは、すでに戦争の継続中において具備しているものとみなすべきである。

富と国家的地位の正当な自覚

ところが日本は前述のように、正貨の膨脹に眩惑し、心的にも物的にも一時的酔夢を貪っている。そして他のある階級は成金を憎悪し、排撃している。しかしいわゆる成金と称するものも、実はごく少数の事業家であって、多数の民衆は物価騰貴に苦しみ、生活苦の衝動のために暴動を起こすまでに、苛烈な重圧を受けているのである。ここに現代の疾患たる経済組織・社会組織の欠陥の一徴象を見るべきであるが、さらに総括的にいえば、それは日本がいまだ経済的に偉大な発展を実現していない結果であって、より多くの富国となり、より多くの労働者階級にまで利益を分配し、国家の構成者の総体が生活の充実を希望すべき必要の前に置かれているためではあるまいか。

わが国現在の状態では、一般民衆の多数者は租税の負担能力を欠如して、増税には絶対反対という傾向を呈している。しかも今後の国家生活はこのような状態で維持できるものであろうか。仮に消極的国家経営方針による理想政治が好いとしても、少額の租税負担能力すら無くなったらどうして国家の進運に対応できようか。企業経営において小規模企業が大規模経営に併呑され、圧倒されるという産業的原則は、同時に国家経営にも応用され、貧国弱兵の国家は必然的に富国強兵の国家に脅かされ、大規模経営の国家は必然的に小規模経営の国家を凌駕することは、明らかに現戦争において試験されたではないか。されば日本の現在の富の程度および対東洋、対世界の国家的地位において、この正当な自覚が、戦時および戦後の根本的要諦とならなければならないのは自明の理であると思う。

世界の大勢をみる

私は、日本が現在および今後の世界の変局に処して行くには、何よりもまず偉人が出現することを希望してやまない。わが国朝野済々多として人材が多いようだが、真実の意味で日本の現実が要求しつつある人材を求めるのは難しい。老子曰く「国家昏乱《こんらん》して忠臣現わる」と。日本はいまだ人材を産むべき国難が来ず、人材はしたがって乏しいのか。これは果たして幸か不幸か。しかしこう言ったからといっても朝野に人材はないとは言わない。ある統計表で見ればその知的進歩とともにコンマの打ち処は違ってきた。けれども対世界に時勢を誘導する大経綸をもって活動するものはなく、例えば日本の現在として、数千万円あるいは数億円の大企業を起こす必要に迫られていても、それに堪能な適材さえ得難いというのが現状ではないか。

近頃ある一部の政治家ないし学者は、人材の欠乏の原因を現在の「文官登用令の法科偏重」に求めているが、これまた真実を穿った言ではない。われわれの観察するところによれば、時代は無休息に進転し、時勢は大きくなってきたが、人がそれに副わないのは「教化の時代錯誤に疾患を発し」たのであって、それはすなわち「世界の大勢を通観しての人材養成」でなかったからだ。われわれの先輩は民衆ことに青年の道義的精神・国家的観念の頽廃を嘆いているが、これは世界の大勢を見ずに眼前の事象のみに囚われた経綸と教化との罪である。かつてドイツ帝国建設の宰相ビスマルクは、「一も金、二にも金、三にも金」といったが、今の日本は、「一も人、二も人、三も人」である。昔、精舎の明哲は曰く、「向上の一竅《いっきょう》を撥《はっ》開《かい》すれば、千聖《せんしょう》斉《ひと》しく下風に立つ（2）」と。東海の新日本は、今や起って、新世紀の劈開《へきかい》者である。世界的天窟戸《あまのいわと》の手力男尊《たぢからおのみこと》（3）であらねばならない。

注

（1）一八一四年から一五年にかけて開催された、フランス革命とナポレオン戦争終結後のヨーロッパの秩序再建と領土分割を目的とする会議。

（2）『碧巌録』第八七則に、「向上《うえ》の竅《あな》を撥著《ひら》かば、仏眼も也《ま》た覰《み》ることを著《え》ず、設使《たとい》千聖《せんしょう》出頭し来たるも、也《ま》た須らく倒退三千里すべし」とある。「向上の一竅」とは、人の身体にある九つの竅《あな》よりもさらにもう一つ上で機能する竅《あな》のことで、第三の眼のことである。同書第一〇則には「若《も》し向上《うえ》に転じ去らば、直得《はて》は、釈迦・弥勒・文殊・普賢、千聖万聖《せんしょうばんしょう》、天下の宗師《しゅうし》も、普《あまね》く皆な気《いき》を飲み声を呑まん」ともある。

（3）『古事記』より。天照大神が天岩屋に篭ってしまったために世界は暗闇となり、神々は困ってしまい、一計を案じ、天鈿女命《あめのうずめのみこと》が舞を舞って神々が囃したところ、何事かと天照大神が天岩屋戸を少し開けて外を見たとき、手力男尊がその天岩屋戸を引き開けて、世界に光を取り戻したという神話を踏まえている。

欧米漫遊所見（抄）

一九二〇年

「欧米漫遊所見」は大正九（一九二〇）年二月七日、帝大山上会館で行われた明治聖徳記念学会での講演である。この講演で後藤は、第一次大戦の惨状は、到底言葉で言い表わすことはできず、自分も語りたくないとした上で、ただ、自らその地に赴いて実際に見分する以外にないとし、その場合も、その地を熟知した人物の案内によらなければ、惨害のすさまじさというものは理解し難いと語る。しかし、後藤は、そうは言うものの、次第に、ヴェルダンで知見した戦蹟の惨状について語り始めるのである。この「所見」は、かなり冗長であるため、適宜抄略した。

（編集部）

戦場跡を訪ねて

有名なヴェルダン[1]は本城と出城という風で、その間は近道を行っても六マイル、廻って行けば一〇マイルくらい本城とは距離があります。ここにただ行っても説明する人がなかったならば茫然として帰って来るほかは何も得られない。……この間にはもとは相当な村も処々にあって、町もあって、大きな森林もあり、その森林が砲台の周囲をずっと蔽っていた。その森林の間に隠れた道路があって本城とヴェルダンの防御砲台との間を通過している。幾つも道が通過している。

今行って見るとその森林がどこにあるのか。木が倒れていて根が出ていてこれは森林の跡だということが分かるが、村の跡などはさっぱり無い。ただ防御砲台は幾分残っている。防御砲台はどんなものか。有名なレナル少佐が守って敵のためにヴェルダン砲台との間を絶たれて、そうして死守して回復を図り、そのおおよそ一〇マイルないし六マイルばかりの間に、味方の軍は四〇万、敵の軍は六〇万、あわせて百万の者が埋まってしまった。のみならず木も埋まってしまった。所々に大きな穴のようなものがそこらに残っているばかりで、大砲の弾丸が地中に埋まって破裂し、くりかえし敵が取ったり、自分が攻めたりを幾回となくやった。レナル少佐の居たローム砲台はついに取り戻して守ったり敵を逆襲したりしていたが、ドイツ皇太子軍のために占領されて皆捕虜になった。捕虜になる三日前から小便水を飲んだというが、こういう激戦である。

だが、行って見ると、要するに一番惨状という所は誰かと行って説明してくれないと分からない。二等三等までは分からない。四等くらいの惨状になると、なるほど惨状だと分かる。例えばランスなどに行くと、これは一三万の人口の所であって、弾丸に当らない家は三軒しかない。三軒というのは、一階の物置みたいな家で、あとは悉《ことごと》く破壊されて上の四階も五階も取れてしまって下だけ残っている。あるいは半分破られたり、満足な所は一三万の人口の所で一つもない。惨状ではあるが、本当に調査してみると、四等くらいの惨状である。それだけの物が残っているだけ四等くらいになる。それであるから、ウィルソンが戦地の惨状を見てくれというのに決して行かなかったということだが、それを見ればいかにも同情を表さなければならぬ。

文明学術を戦争に応用する危険

ベルギーに入って見ても、やはり一等の惨状地というものは草が一尺くらい生えているだけである。ベルギーのオステンドから自動車で二〇分くらい行った所にムーアという村落がある。そこに七万七、五八〇キロの大砲が並んでいた。これはダンカーを射撃した砲である。それからあとのフランスを射撃したのはどこに行ったか、あの有名な大砲はどこに行ったか分からないということであったが、オステンドの傍に残っていた。砲身の後方の閉鎖器を開けて見ると、中にヨーロッパ人が入って顔を出しているくらいの大きさである。長さは一七メートル半、七万七、五八〇キログラムである。二五マイルないし三〇マイル射撃がきく。……その砲の下の台に、クルップ社で一九一四年に拵えたという印が押してある。周囲にはカモフラージュがすっかりしてあった。その近傍の村は何もなくなっていた。それを目掛けて味方から撃ったからその辺のものはまるで無くなってしまった。中に埋まってしまった。そういうような訳で、今度の戦争というものはまるで違う。……文明学術の危険な応用という程度は言葉にも何も尽くされない。飛行機、潜航艇などのことは除いて……ベルギーの各地の製造場などを壊した有様というものは実に惨劇を極めている。ことに鉄工場にあった機械はみなドイツに持って行ってしまった。

先刻話したランスなどにおいても、何も罪もないのに砲撃している。そこに兵隊は何もいない、町の中にはわざと兵隊を置かないで外の方で戦争するようにしておいたのにである。ここには有名な寺があって、ジャンヌダークの像などがある。歴代の帝王が即位すると必ず来た寺がある。その寺などは何の必要もないのにかかわらず砲撃して壊してしまっている。行って見たら、惨状というものはまだ形が残っている所にある。

実地での観察

……一体、講和会議ということになった以上、恩怨を忘れてやらなければならぬ、ところがわがまま勝手な要求を持ち出して各国がやっている。実に間違ったことをやっている……アメリカからロンドンに入って、ロンドンで少し不快で寝ている間にそういう考えを起こし、もしパリに行ったなら、そして相当の人に逢ったなら、実に恩怨を忘れてやらねばならないということを勧告しなければならないと思った。ところが、そういう考えをもってパリに入って聞いてみると、ウィルソンなどはベルギーにもついにちょっと行ったぎりで、あそこに行ってくれ、ここに行ってくれと言われても行かなかった。そこでベルギー人はウィルソンに同情なしと怨んだ。フランスでも方々見てくれと言われたが見なかった。私はそのはずだと思った。行って見るとなるほどどうしてもドイツは不倶戴天《ふぐたいてん》の仇なり、肉を裂いて食わなければならぬという考えが起こるだろうという考えがある。

……実際、行って見ぬ以上は何とも分からぬものであると思う。また行って見れば一体何と言うかしれないが、われわれの文明生活というものの程度について諸般の方面に対して観察が届く。上根の人は上根、下根の人は下根相当に観察が届く。これに対して、フランスなりイギリスなりベルギーなりの人が非常に奮闘した跡、またアメリカ人が奮闘した跡などというものは少しも話にも何もできる訳のものではない。

……この間、東京で開いたポスターの展覧会(2)に、公債を募集する張り紙、兵隊募集の張り紙、赤十字社の同情を訴える張り紙、こういうものを百枚ばかり出した。……それは私が物を言わないで見せた方が判断できる訳である。……欧米の戦争生活というものについて見ることができるという訳で持って来た。

ドイツの産業参謀本部

この戦争はどうして起こったものであろうか。新聞にも書いてある通り、ドイツの横暴が第一の原因、各国の野心が第二の原因、要するにドイツのミリタリズムすなわちデモクラシーの征服、その勝利であると……これが本当のものでも何でもない。また一方にはこれは経済戦であると言う。ややその意を得るに近いかもしれないが、まだ真相を得たものではなかろうと思う。

戦争の起こりから戦争の休み、平和条約、今日戦後の善後策、こういうものまで一貫しているものは何であるか。その問題で一番大体が分かる問題ではないかと思われる。それはドイツにおける産業参謀本部の整頓に対して英米といえどもこれに敵対することができなかった。ドイツの産業参謀本部とはいかなる組織かというと、霞ヶ関のような建物があってその中に入っている、そういうものではなく、全国にまたがって散布しているものである。そして一つの脈絡系統があってこれを統一して行くようにできているのが産業参謀本部の仕組である。その仕組はドイツ五〇年間の苦心によってできている。それは一部は大学、一部はインスティチュート・ラボラトリー、一部は製造場、工場諸般の所に蟠《わだかま》っている学術的進歩の上から拵えた研究所、試験所の組織である。それが総合して働くようになっているのがドイツ産業参謀本部の近世の組織である。この近世の組織に対して抵抗できなくなってしまった。アメリカなどは、そこそこその肩に迫ることができた。

最近のアメリカの大学の進歩は非常である。アメリカのインスティチュートというものも盛んなものである。ただインスティチュートだけなら、ドイツが後方で目を見はるに足るものがある。ボストンのインスティチュート・オブ・テクノロジーなどは実に盛んなものである。これは世界でもこんな面白い組織はなかろうと思う。これは今から五年か六年前にミスター・スミスという名で五百万ドルの寄付が来て、インスティチュート・オブ・テクノロジーに使ってくれという。そこで寄付を取りに行くと銀行は現金を渡した。ミスター・スミスとは誰かというと、今でも疑問になっている。カーネギーが匿名でやったのだろうともいうが、そうではない。カーネギーは必ず名を出してやる。これがアメリカの特色と言ってもよろしかろう。今度拵えたテクノロジーの建物などは驚くべきものである。私が昔ベルリンに行った時に見たポリエットシュウレーなども到底及ばぬものである。その中の飛行機の研究の仕組などに大きな金をかけている。つまり、アメリカの進歩というものは驚くべきものである。だから、ある点においては、ドイツの肩に迫っている。

サイエンスの効用

これに反してイギリスはどうかというと、学者の発明した者も一人二人は無いことはない。フランスもまたそうで学者の発明が無いとはいえない。しかしながら全体を総合したところでドイツの腰に迫るくらいしか来ていない。そういう仕掛けになっているから、ドイツ産業参謀本部というものを壊さなければ自分たちの生存に大きな影響を生ずる、ということになっていた。こういうような訳で壊してしまったけれども、ドイツの産業参謀本部の組織のようなものを自分の所で完全なものを拵《こしら》えてみたいというのが、今日戦後の善後策のデモンストレーション……すなわちこういうものがだんだんできてくるのである。散り散りばらばらに働いていてしかも一定の系統脈絡を引いて総合統一するようになる。これがすなわち戦後に来るべき潮流になる訳であると思う。このことは必ずしも英国の改造だけでない。アメリカもやはりこの通りの仕掛けになる。

そこにサイエンスの効用がある。学俗接近で学者と俗人と共に生活するのが文明の生活であるが、学俗協力、コオペレーションで協力して行かなければならない。えらい学者を連れて来なければメートル一つできないという、そんな迂遠なことでは行きはしない。中には学者などよりもまだえらい発明を俗人がやる。そういうように今日は時代がまるで違ってしまった。日本などでは、哲学者などという者は、偏屈者で俗には用の無い者だと思っている。ところが今日のヨーロッパことにドイツなどは哲学者や文学者がみなあらゆる人の心理状態の根本を培養するように努力している。

……今度の講和会議の条約は四四〇箇条ある。それを英仏文にしてドイツに渡す。ドイツでは英仏文にその翻訳を付けて出したものは二寸〔約六センチ〕ばかりの厚さがある。英仏独となるからちょうど一三二〇箇条ある。それをフランスより受取った日から二週間目に印刷して地図がすっかり付けてある。亡国のドイツにしてそれだけの働きがある。

……ロンドンとパリの間は毎日飛行機の通信がある。郵便船と同じである。私がオランダのハーグのツーリスト・ビューローに行って、旅行券を求めようとすると掲示がある。見ると一週間に一度ロンドンに一八〇円ばかりで行ける。ちゃんと飛行機に乗せるのである。

イギリスの自治警察

……私は三度ほど罷業〔ストライキ〕に逢ったが、その中で最も話したいのはボストンの警察の同盟罷業である。これは、ゴンパースという者が労働組合の親方で、これがボストンの市長ならびにそこの州知事に向って、自分がこの仲裁をするからこれこれの要求を容れてくれということである。その要求で最も著しいものは、今まで休んだ者にも要求通り給料をくれて、また休んだ者は相当自分の自衛上ストライキをやったものであるから、それらには何の咎めもなく再び採用する、こういうことをゴンパースが申し出た。市長や知事はごめんこうむると謝絶した。しかし巡査たちは組合を造って同盟罷業をやったのだから、容易なことではなく直ぐ解決がつきそうもない。そこでどうなったかといえば、みな紳士が出てやるようになった。往来に出て立っている者は町の紳士である。私の知っている者の自動車に乗って、何の某という紳士が自動車に乗って行くと、向うに立っている巡査が敬礼する。紳士も敬礼する。またたまたまタクシーに私が乗って行くと、巡査は何も敬礼しない。これがわれわれ旅人に見えるほどの状態である。日本の米騒動の時にも巡査を虐めにかかった者はあるけれども、巡査を助けて巡査の代わりをやるという者はなかった。これは必ずしもボストンばかりではない。イギリスにおいてはそうである。皆やった。戦時中巡査の代わりをやった。そこで大学のプロフェッサーでも一時間立つとか、どこかの金持でも往来に二時間立つとかみなその州の警察をやった。このようにして自治警察が本当に行くべきものである。それらのことがなくしてただ文明などと言って騒ぎ回っても、これはよほど覚悟しなければいけないことであろうと思われる。

注

（1）フランス東北部の都市。第一次大戦中、一九一六年二―六月、独仏両軍の激戦地。

（2）大正九（一九二〇）年一月に、後藤が会長を務める都市研究会の主催で行われた展覧会である。米国の第一次大戦中の米国市民の意識を具体的な物によって知るためにと、後藤が米国で集めた、大戦中のさまざまなポスターを展示した。

E EAGLE'S ANSWER
RE SHIPS
NOTHING STOPS THESE MEN
LET NOTHING STOP YOU
THE SHIPS
COMING
Are You Wo
with Schw
Charles M. Schwab
says
"I want everyone in the
understand that when we
building these ships, the c
belong to the men who actually
"I want all the men in the
to feel that they are workin
not for me."

ロンドンでの見聞

後藤新平は衛生局技師の時代に、初めてドイツに留学し、ベルリン大学、ミュンヘン大学で学び、ドクトル・メディチーネの学位を取得した。この留学中の明治二十四(一八九一)年八月、ロンドンで開かれた第七回万国衛生および民勢会議に、日本政府の代表議員として、北里柴三郎とともに参列した。この時の英国や英国民に対する印象はよほどのものがあったと見え、後々まで、事あるごとに後藤はこのことについて言及したという。

当時の内相、品川弥二郎に宛てた後藤の報告書によれば、同年八月一〇日午後七時半、王立ロンドン内科学会会場で、英皇太子ウェールズ公による謁見、賜餐があり、各国の諸大家と知り合った。翌一一日は、会議の各部会における討議・演説があり、午後三時半からは、英慈善家バーデット゠クーツ女男爵の園遊会に招待され、午後八時からは、ロンドン府知事からギルドホールでの歓迎会に招待された。一三日、オズボーン・ハウスでのビクトリア女王の謁見、賜餐に参列のため、午前一〇時、ロンドンから汽車でポーツマスに向い、その波止場から御用艦アルベルタ号でオズボーンに達し、馬車を駆って王宮に到ると、皇太子が一行を待っていた。食後は女王陛下に拝謁、御苑に出て皇太子妃と内親王に謁を賜る。その間、時折奏楽があった。午後三時に王宮を辞し、海路および鉄路でロンドンに戻る。夜は水晶宮での全会員の懇親会があった。一五日、ケンブリッジ大学での饗応、園遊会に招待された。また、これらの行事の合間に、下水、給水、病院などの参観、招待もあり、一七日の閉会式は、皇太子と遺伝学者ゴールトン卿が場中を総理し、次回ブダペストでの再会を約して散会したというのである。

◀衛生会議の代表者（37番が後藤）

　この行程を通じて、後藤は深い感銘を受けたと見え、「英国の人民はさすが衛生の誕生地という名に背かない。きわめて衛生の思想に富み、すでに諸般の実業と衛生との関係を了知して、その注意を実行した結果が見られる」と評している。特に、英国のローカル・ガバメント・ボードが、衛生事務と救貧事務とを統一的に所轄している事実は、ドイツでビスマルクの社会政策的立法に注目していた後藤にとっては、極めて有意義な見聞であった。

後藤のビスマルク像

後藤新平は生涯、ビスマルクの社会政策的立法、すなわち社会主義が要求する個人の生活改善を、国家の力によって実現しようとした三種保険制（疾病保険法、障害保険法、養老および廃人保険法）に注目していた。後藤が衛生局技師時代のドイツ留学中、「君は医者というよりも、どうも政治に携わるべき人物に見える」とビスマルクに言われたという、真偽不明の逸話があるが、後藤がビスマルクを尊敬していたことは事実である。『ビスマルク演説集』（大正七年一二月）や、『ビスマルク外交機略』（大正十三年九月）の序文で次のように評している。

――ビスマルクの性格はドイツ民族精神そのものと見なせる。彼は国土の現状とその時代において最適と考えられる一策を採択して敢行するのであるが、反対意見も取捨して、将来に対する画策に資するのである。彼は理知の人であり、意志の人であり、感情の人であり、しかも自己の智にとらわれず、また自己の情感をほしいままにせず、事物を秤量し、批判すること明晰で的確な見識を持っており、その所信の遂行に向って全人格を捧げて余さない驚くべき意志の人であり、それは常に国を思う一念を焦点とした。したがって、彼の政策の枢軸は国家権力の確立および維持にあったが、自立武断主義を採りながらも、しかも連合協調の外交主義を捨てなかった。

　彼はどの国家もその起原、変遷、隣邦との歴史的関係が不断に存することを熟知し、外国の形勢わけてもその政治圏内の人物・主義・政党関係をよく観察し、あまねく知り尽くす知恵を体得していたから、大勢の打算はよく要所に当った。

　彼は主義よりもむしろ現実に、論証よりもむしろ実行に重心を置き、機に臨み変に処し、ことごとく独自の軌軸を出した。したがって、彼の事蹟を観ると、矛盾あり、専断あり、そのために反感を買い、また往々にして奇禍を免れることはできなかったが、その信念に忠君愛国の至誠があるために、よく公明正大であることができた。

◀ドイツ留学中。後列右から2人目が後藤。

　このビスマルク像は、一見、猛断猪突するごとくにして用意周到であったことや、その目的達成のためにずいぶん複雑な機略を用いた点において、後藤自身の反映ではないかと、鶴見祐輔は評している。とは言え、ビスマルクが「一に金、二に金、三に金」と言ったのに対して、後藤は常に「一に人、二に人、三に人」と言ったほどの違いはあったのである。

マッカドウとの懇談

後藤新平は、欧米遊歴で米・ニューヨークのプラザ・ホテルに滞在中の大正八（一九一九）年四月二六日、同ホテルに泊り合わせていたウィリアム・ギッブス・マッカドウ（一八六三―一九四一）の訪問を受け、約一時間にわたり懇談した。マッカドウはウィルソン政権大蔵長官兼鉄道局総裁を務め、戦時財政に非凡な手腕を発揮した人物で、ウィルソンの女婿でもあった。後藤と懇談した頃は政権を去り、次期大統領立候補の準備中とも噂されている民主党の逸材であった。

この懇談の冒頭で後藤は、第一次大戦後の世界金融の中心がロンドンからニューヨークに移るか否かを質問した。マッカドウは「然り」と答え、さらに後藤が、米国は今後、外国への投資と国内投資のいずれに重点を置くかと問うと、マッカドウは、外国への投資であるとし、ただし債権国と債務国との関係にはよほどの注意が必要であると説く。ここで後藤は、外相時の対支借款における経験を披瀝、日本が英仏のまねをして貸付を行い、支那の悪感情を受ける羽目となったと語り、国家間の貸借については新しい方法が必要であるという点で両者は一致した。

次に後藤は、米国の労働問題について質問した。マッカドウは、鉄道という具体例にしぼって、下級現業員の労銀の引上げや、八時間労働制の導入、組合員と否とにかかわらず平等の待遇を設け、人種や男女の差別なく一律平等にしたこと、また労働問題は選挙権に関連し、特に女子参政権賦与の時代に、選挙権を活用して労働収穫の平等な分配を求めるのは当然とし、今後、平和に対する準備として、租税を軽減すべきか、あるいは租税を有益に使用すべきかが問題であり、それが労働収穫の正当な分配にかかわると答えた。

▲William Gibbs McAdoo(1863-1941)

最後に主客両人は、日米戦争の妄を断じ、ただ国民の感情の激昂は時折起こるものであるが、それは一時の感情の行き違いにすぎないとマッカドウは語り、その上で、日米問題の愚説は、実は米国におけるポリティックスであり、日本も同様であろうと付け加え、パリで協議進行中の世界的平和組織の必要性を強調した。

後藤はマッカドウの人物評として、「俊敏酷薄な男だね、しかし偉い奴だ。今まで邂《あ》った米国人の中で、一等の人物だな」と同行の鶴見祐輔に語っている。

世界平和と日本の使命

一九二四年

日本の外交政策の真意

日本の外交政策に対する批評は、わが国の歴史に対する知識の欠乏によるものが多い。外国の人々にとっては、日本国民の思想および経済生活を深く研究することはなかなか容易でない。いやしくも教育ある米国民ならば、一カ国およびそれ以上の欧州の国語を解し、かつ欧州諸国を遊歴した経験を有する。しかし、わが国を訪問する人はまれで、わが国語を解し得る人はさらに少ない。これはわが国に対する批評が的を射ないゆえんである。そこで私はまずわが外交政策の梗概《こうがい》を述べようと思う。

わが国民は、その国家の保全と安寧に対して、監視する権利を有するのは、天下の公理である。米国は自国保全のために、モンロー主義を把持して外国に対している。この主義はいかなる欧州諸国であっても、南北両米大陸に専制政府を樹立して、かつ新植民地を獲得するものは、米国に対する友情にそむく行為であると宣言している。この主義の下にラテン・アメリカ諸国と、欧州諸国間における総ての重要な関係は自動的に米国政府の関与すべきものとなり、必要があれば米国は自らの発議によって干渉をも試みようとする。この主義はすなわち米国保全の根本義によって、立案宣布され、日本もまたこれを尊重している。これは国家の防衛または保全の権利に立脚するもので、わが国が求めようとするところも、単にその権利にすぎない。

日本の安全はアジア大陸――主として支那の形勢いかんによって、支配されることは過去現在とも何の変るところがない。アジアの地図を一瞥すれば、朝鮮半島は日本本州に近く突出しているのを見る。実に釜山・下関間は数時間の航程であり、長崎・上海間はわずかに二〇時間で汽走することができる。この一事をもって見ても、日本がいかにアジア大陸の状勢によって支配されるかが明瞭である。ゆえにもし支那がバルカン化され、欧州諸国の餌食となるか、また朝鮮が軍国主義の国家に占領される場合を予想すれば、日本の存在は甚だしい脅威を感じることは、多言を要しない――日本は欧州における英国の地位と共通点がある。

英国は二百年余にわたり、二つの方法によってその安全を防護してきた。すなわち「勢力均衡」と称せられる政策を把持し、欧州の一国が他国を圧して優勢な地歩を占めることに反抗した。なぜならば、これは英国の存在に対して脅威となるからである。これは、十七、八、九または二十世紀において、大戦争に関与した英国の国策を説明している。同一の理由によってほとんど百年後、英国はその隣接国であるベルギーの中立、または独立を擁護した。

換言すれば、ベルギーが独仏いずれかの手に帰すれば、英国の存在に対して脅威となるからである。これは英国が一九一四年ドイツのベルギー侵攻に対して、ついに干戈を取ったゆえんである。しかるにあたかも、ドイツ帝国のベルギー侵略行為が英国にとっての脅威であったように、ロシア帝国の朝鮮への侵入は、日本の保全に対して重大な脅威であったのである。英国がその存立を保障しようとすることが正しく、米国がモンロー主義を支持することが正しいならば、ひとり日本がその保全のために、行動することが正しくないと言えようか。

日本は歴史的に平和の愛好者

私は時々、日本が帝国主義および軍国主義の国家であるという批評を耳にする。これに対して私はわが国は非難を超越しているとは答えない。また他国が世界の各処において領土を獲得する行動に注意を喚起しようとするものでもない。しかし、二、三の重要な点について、読者の注意を希望したい。私はまず歴史的に日本国民は平和の愛好者であることを主張する。

約三百年間、日本国民は、外国とは全然無関係にその美術・文学を発達させながら自己の生活を享楽した。約三百年間、日本国民は国の内外に対して戦争に従事したことがなかった。

西洋諸国民が果たしてこれ以上の平和を楽しんだ事実があるか。日本が米国の勢力によって世界政治圏内に誘い入れられたとき、直ちにアジア大陸における危険な状態に対立した。すなわち英支間における有名なアヘン戦争はこのときあたかも終息し、その後しばらくして米英対支那の第二回戦が開始されたのである。日本は隣邦におけるこの不幸な混乱を目撃して非常に驚いた。

われらは欧州列強が永い間、アジア、アフリカおよび諸方の海洋における島嶼を獲得しつつあった事実を発見した。そして日本自身もまたその犠牲に供せられることもあるかと思う時に、驚愕を禁じ得なかったのである。長年月にわたり、強大な陸海軍をもたなかった日本は、このような形勢のもとに軍備をととのえ、大陸政策の樹立を開始した。これらは外交政策を案出した有力な状態である。

私は、その政策において日本は何らの過誤もなかったというものではない。正しい主義、すなわち国家の安寧と保全とに基礎を置くものであることを要求しようとするものである。

日清、日露開戦の根拠

日清、日露の両役は、前述のような外交政策の運用上やむを得ず開かれたものである。日清戦役が開始されたとき何人も支那が弱国であると信じたものがない。支那の人口はわが国に一〇倍し、しかもその陸海軍はわれに比して大いに優勢であった。もちろん、支那は英仏連合軍に破られたことは事実であるけれども、しかし、一八九四年においてはなお世界強大国の一つであったのである。

日清両国の争因は実に朝鮮に発した。すなわち朝鮮は支那に対してその独立を防衛する実力はなく、しかも支那は、朝鮮に対して宗主権を要求した。いまもし朝鮮が支那領土の一部を構成するようになれば、日本は、そのために存立上一大脅威を感ずるようになるのは自然の勢いである。日清戦争はこのようにして起こった。日露戦役もまた同様の状態によって開かれた。誰がアジア大陸の形勢の変化がわれら日本国民にとって、死活の大関係を有するものであることを、否定できようか。

もし支那がバルカン化すれば、日本の存立が脅かされ、もし支那が外国に隷属《れいぞく》するようなことがあれば、日本国は大きな危機に面する。何人もこの合理的な見解を否定できまい。欧米人は支那を一個の統一した一民族の国家を考える傾向がある。私は全然これに反対の見解をもっている。支那は一個の民族でなく、また彼らは統一した国家を組織していない。彼らは相異なる習慣をもち、そして異なる地方において相異なる言語を話す、実に大きな社会の下に生活する民衆の連合である。彼らは数十年このようにして生活してきた。その結果として、支那民族の心理は国際的となり、したがって驚くべき外交的技能を有するようになった。

世界のいかなる国民も、儀礼および外交においては、彼らに及ぶものはない。しかし、彼らは一個の弱点をもっている。それは一国民としての自覚に乏しいことである。

ワシントン会議に失望する

このようにして日本に深甚な関係を有するアジア大陸は現に大きな混乱状態を呈している。支那はなおバルカン化の行程にある。そしてロシアは今日なお多くの諸外国から正規の国交関係から閉鎖されている。これは日支両国にとって重大な関係を有するのである。またこのような形勢下において一九一八年のパリ講和会議が開かれた。しかし、その結果が発表されたとき、私は失望を感じたことをこの際告白しなければならない。私は同会議が世界恒久の平和を建設することに失敗したことを悲しまねばならない。私は、講和条約は、単に休戦を招来したのみで、真の平和条約がこれによって締結されなかったことを感ずる。国際間の関係を危険に導く多くの原因は、単に増大させられなかっただけで、何ら解決されずに残されたばかりである。

前述のような状態でワシントン会議が開かれた。私はもちろんこれによって軍備制限の条約が成立したことを喜ぶ。支那の門戸開放に関しては、表示された会議の意思に関しては私もまた同感である。けれども、私は衷心からワシントン会議が恒久の平和に保証を与えたと信ずることができない。

同会議は幸いにして列強海軍拡張に対する競争を制限した。しかし、それはアジア大陸の混乱状態に対しては何らの変化も与えない。

支那のバルカン化は少しも停止されない。さらにロシアによって作られた重大問題は全然触れることなく残された。すなわち、欧州においてはドイツ、東洋においては支那がバルカン化され、ロシアはあたかもその存在を否定されたような形を呈しているのが現状である。

ヨッフェ招請の理由

試みに地図をひもとき人口表を瞥見《べっけん》すれば、世界の大部分においてなお真の平和を認め得ないではないか。このような状態においてわれら全世界の平和を求めることは不可能である。前述のような状態は私の胸中にロシア問題を持ち来たしたのである。私は幾億の人口と偉大な勢力の可能性を有するロシアが、パリまたはワシントンの両会議における国策政局の範囲外に置かれたことを悲しむものである。この事実は、日本にとっては直接にまたは支那を通じて間接に極めて重大な関係を有する。

支那における変態的状態は北方ロシアにおける同様な状態によりますます悪化される。東支鉄道および北方支那大領域内に起こる事態はすこぶる不安、不定、かつ錯雑している。支那に強固な内閣が出現しない以上、同国における紛擾《ふんじょう》常なく変化かぎりない政府から得た各種の利権に対する列国の争議はまさに止むときがないのである。

支那における火災は世界に炎々たる大火の種に導くかもしれない。ロシアが列国との通商をゆるされないかぎり、北方支那およびシベリアにおける変則の状態は、決して回復されるものではない。私はこの状態を長く考慮してきて、ついに一九二二年の秋、これに微力を尽くそうと決心し、極東におけるロシア主席代表者ヨッフェ氏を招請して日露交渉の道を開こうとしたのである。私はロシアの隣国である日本が、まずロシアと諒解するならば、東洋において親善関係がまず生じ、次いで世界恒久の平和を招来する一助となるであろうと考えた。私はまたこのような橋渡しは官吏よりむしろ私人である一市民によってなされる方が望ましいことを考慮するに至った。

このようにして私はヨッフェ氏と非公式交渉を開始するべく全責任を負ったのである。これに対して多大な支持を与えられた故加藤（友）首相およびヨッフェ氏の病気はついに交渉を打ち切らねばならぬこととなった。しかし、私は近い将来に交渉の再開を有望と思っている。

平和主義は日本の国是

今や私の議論は甚だデリケートな事柄に到達しようとしている。私見をもってするならば、東洋の平和――そして世界の平和はひとり日、支、露の三国によってのみ成就することはできない。米国は太平洋上における強国の一つであり、そして二十世紀における世界の舞台は太平洋にあることも、また否定できない事実である。故ルーズヴェルト[1]氏もまた明瞭にこれを認めていた。私のロシア政策における緊要な分子は実は米国である。そして日米両国の完全な諒解以上に太平洋の平和維持に必要なものがない。

秘密に部分的な同盟を組織する時代はすでに過ぎ去った。公開的に事実を基礎とする協同の時代が来たのである。何物も太平洋に面する総ての国家の協同より重要なものがある。米国は太平洋および支那において、また可能的にシベリアにおいて経済上重大な利害の関係を有する。支那およびロシアにおいて無秩序な状態が継続する間は、同方面における権利または政策が常に不安な状態にあり、そして紛擾の招来を導く。

もし支那およびロシアにおける事柄が、正規な基礎の上に置かれ、そして日米両国が、資源開発のためにロ支両国と協同するならば、必ずや万事が好都合にゆくであろうと信ずる。平和が東洋に確保されるならば世界の経済的隆昌は甦生《そせい》するであろう。

いま世界の平和を述べるに当り、願わくば私に、外国人がしばしば見過ごし去るわが日本人生活のあるものについて語らせてほしい。そもそも日本の外交政策は平和的精神によって導かれたのかどうか。わが外交政策について軍国主義、帝国主義、または侵略主義であるとの批評は一時世界を風靡したことがある。

私もまた、淡泊に常に日本の外交政策はこのような批評を超越するものではなかったと認める。しかし、日本の精神は真に軍国主義、または侵略主義であっただろうか。日本は実に二百年間、平和的、隠遁的生活を終って初めてその安全を防護するために武装した。そのとき、日本は東洋における西洋諸国の進行に面していた——その進運は実に四百有余年前、欧州の第一船が喜望峰を廻航した時にはじまったのである。しかし、それは今日議論しようとするものではない。ただ私は一国家の真精神を忘れ、そして他者の精神を模擬しようとするものの愚を指摘するものである。

日本の真精神は平和である。そしてその精神は一個の天才において最もよくパーソニファイドされている。それは、わが明治大帝である。明治天皇は生まれながらの指導者であり、そして今日の日本をつくられた方である。しかし天皇の真の御性格は多くの人々により見過されている。聖帝は実に詩人と政治家とを兼ねておられた。崩御の後、三万首の短歌を残された。これらの短歌は天皇御健在中はもちろん、今日においてもなお深く民心を支配している。あたかも西洋においては無神論者でも聖書の文句をきく時には敬虔の情を示すように、わが日本国民は、たとえ歌人ならずとも聖帝御製の御歌が引用される時には精神的にその威厳に打たれ、われらは永く肝銘する。なぜならば、われらは御製の中に日本の精神が含蓄され、かつ表現されていることを感ずるのである。

御製の多くは仁愛を歌われたものであり、その表示せられるものは平和の大御心である。日本が帝国主義または軍国主義という名称をつけられるようになったのは、明治天皇崩御の後である。私は常に明治大帝垂示の御趣意を胸に止めるものであって、東洋の平和維持に対して致す微力をまたその真実の希望に出たものである。そしてそれはわが国の愛好する総ての人々によって承認されたものとひそかに確信するのである。私は、いわゆる実際家は、平和の思想を単なる感情として一笑に付し、また思想としても大きな価値をもたないものとする傾向があることを認める。私は米国の協力に対する要求を単に平和に対する愛着の上に置こうとするものではない。

今や世界は恐るべき大戦の結果として、疾患に冒されている。もしこのような戦争——恐らくはさらに恐るべきもの——を再びするならば、政府の現制度は全く破壊されるべきは疑いを容れないだろう。それは各国に大きな債務を負わせるとともに、全部の支払い拒絶を現示すると想像に難くない。それはビジネスとビジネスマンを亡ぼすであろう。

全世界はなお経済的不景気に苦しめられている。他の長期にわたる戦争はすなわち全く経済の崩壊を意味する。実際家の諸君といえども、この事実に恐怖なしに対面することはできない。われわれは第二、第三の戦争によって経済の隆昌を導きうるであろうか。このような状態を思えば、われらは平和に対する列強協力の必要をどうしても蔑視することができない。

われらは過去において幾多の過誤をなした。われらはそれらの過誤から学ばねばならない。そして戦争に代えて協同をもってし、文明を破壊しなければやまない残忍野蛮な手段に対して正直、誠実、真摯な協同をもって面しなければならない。

注

（1）セオドア・ルーズヴェルト（一九五八―一九一九）米国第二六代大統領。

後藤新平とフランス大使クローデル

ポール・クローデル（一八六八―一九五五）は、カトリック詩人・劇作家であると同時に、外交官としてのキャリアを貫いたフランス人である。彼の外交官の仕事は、一八九五年中国の上海・福州に始まった。約一五年の中国赴任中、一八九八年のひと月を、彼は日本へ旅をする。彫刻家の姉、カミーユの影響もあり、ジャポニスムの発祥地をめざしたのであった。

クローデルは、大正十年の一九二一年一一月に、念願の二度目の来日を果たす。二度目は駐日フランス大使としてであった。クローデル五十三歳であった。約五年間（一九二七年一月まで）の滞在中、「詩人大使」と呼ばれ、日本のフランス文学者らと交流した。勿論クローデルは、フランス大使として、日本の政治・経済・文化・外交関係の情報をリアルタイムに本国に逐一報告する責務を担っていた。筆まめなクローデルはメモ風な日記を付けていたが、のちにパリのガリマール社からまとめられ、『日記Ⅰ Ⅱ』(Journal I,II) として出版される。実業家、渋沢栄一や洋画家で政治家の黒田清輝、京都の画家、富田渓仙ら親交のあった日本の友人の名が散見される。

後藤新平の名前はどうか。「後藤子爵とTumegawa 河岸にピクニック。秋の草」（一九二四年九月二八日付）の一か所だけである。多摩川か玉川上水か。しかし、抒情的でシンプルな日記の背後には、実は重い日仏関係の現実も秘められていたようだ。クローデルが、本国の外務大臣に定期的に報告していた「公式外交文書」からも窺える。ここには、後藤の名がある。

一九二二年一月六日付「フランス外務省資料・ドイツおよびイギリスとの関係」では、ゾルフ・ドイツ大使がクローデル・フランス大使の「冷たい態度」に不満を持っているのは誤解だというくだりに「東京市長の顧問であるビーアド氏」とあるが、「東京市長」とは六五歳の後藤である。ビーアドは後藤の要請でアメリカから呼ばれた政治外交史学者であった。

▼*Paul-Louis-Charles Claudel*(1868-1955)

さて、秋の二人のピクニックより一年ほど前の一九二三年六月二日の「アジアとの関係」という外交文書では、ロシア側の全権代表ヨッフェと日本との間の日露交渉の経過について記している。クローデルは二つのグループの動きがあることに注目し、一方でロシアに対して不信感を持つ派があるのに対し、他方「ロシアとの関係を促進しようとする元東京市長の後藤子爵と彼に代表される政治的・

商業的利益団体」が存在する、と述べる。「関係回復を望む理由は経済的なもの」とし、産業界や商業界の人物らは「活動的な策謀家で野心家の後藤子爵を先頭に立てて日露交渉を推進するのが自然だと考えています」と書いている。さらには後藤がドイツで教育を受けたことで、「当然ボルシェビキの人たちに親近感をもっているにちがいありません」と批判的である。「二年前から後藤氏は東京市長ですが、この報いられることの少ない難しいポストは、野心満々の自分の活動の場としてはふさわしくないものだと考えていたのです。」ロシアとの交渉に向かうのは、市長を辞職するに都合のいい口実であると後藤自身が考えたからだとも言っている。穿った見方にせよ、フランス代表としての駐日大使は、ロシアやドイツが日本とどのように紡ぐかは本国の命運とも重なるわけで、鋭敏な観察眼と分析力を集中させなければならない状況にあった。「世話好きな後藤氏」とも書いているが、親独派の後藤は最初からフランスに毛嫌いされていたようである。

文書の三カ月後の一九二三年九月一日。史上例のない大災害が東京、横浜を襲う。関東大震災である。フランス大使館は地震には耐えたが直後の大火で全壊。その時クローデルは横浜へ同国人の安否を求め出かけていた。横浜では領事館は壊滅。瓦礫の下敷きになったデジャルダン領事を失った。このときの体験と想いは「炎の街を横切って」に描かれるが、逗子の海水浴場にいた長女は奇蹟的に助かる。

同じ頃、後藤は「桜田町の自邸で、山本内

▲日仏会館開館式（1924 年 12 月 14 日）。前列左端がクローデル。

閣組織の形成をじっと見守っていた」。地震直後の翌二日には赤坂離宮で第二次山本内閣の親任式が行われ、内務大臣に指名される。後藤は「大震災後の帝都復興という大役を背負って立ちあがる」ことになった。大使館再建も含めたその後の外交文書には、後藤の名が幾たびか登場する。一九二四年九月一六日付文書には、「親独・親露傾向」の後藤が、「国策としてフランスと近しくしなければならないと理解している」と記された。「ピクニック」はこのあとのことであった。後藤も関心を抱いた「日仏会館」の創設はこの年の終わりに実現した。

*クローデル写真は日仏会館のご厚意による。
*クローデル著『孤独な帝国　日本の一九二〇年代』（奈良道子訳、草思社、一九九九年）を参照させていただいた。

（門田眞知子／クローデル研究者）

東洋政策一斑

一九二七年

はしがき

われわれ東洋人が東洋政策を攻究して、その経綸を行なおうとすることは、当然すぎるほどの当然の事であって、いまさら喋々と論ずるまでもないことである。ところがこの東洋政策の攻究樹立に最も重い責任を有するわが邦の政治家は、ひたすら政争にのみ没頭して、ただ利害を目前に計り、国家百年の遠望大計に関しては、思いを潜め、力を展べる余裕をもたない。国民も自ら政権争奪の勝敗にのみ注視と感興を惹起《じゃっき》するだけであり、わが東洋政策の樹立についてはあえて問わない状態であることは、まことに嘆かわしいことといわねばならない。

私が東洋政策について、いささか意を用いるようになったのは、実際的な体験に基づいたものであって、単なる机上の思索的案出によったものではない。すなわち初め台湾に職を奉じ、のち南満洲鉄道株式会社の総裁となった十数年間における東洋政策についての体験は、実に無字の書を読み、無弦の琴を弾く底の教訓を得たのである。それ以来、朝にあると野にあるとに関せず、わが東洋政策の樹立について、夢寝《むび》も念頭を去ることができず、ことに現在のように東洋の風雲急迫するにつれては、最も焦心せざるを得ないしだいである。

東洋政策の標的は露支両国

今端的にこれを言えば、日本の東洋政策はすなわちロシアと支那の両国を標的として、攻究樹立しなければならないものであって、他の列強なかんずく英米両国は、この標的に関係を有する範囲内においてわが日本の考慮に加えられるべきものであると信ずるのである。なぜならば、わが国は地理的には比較的優位な位置を持っているけれども、ただ惜しむらくは天然資源に乏しく、したがって進んで折角の地理的好位置を利用することができないのみならず、ひいては国内の人口食糧問題をすら解決することが不可能である。このジレンマを解決する方法は、すなわち土地と物質とを得ることのほかにまた良法があるべきはずはない。ところが、土地を獲得する歴史的方法は、少なくとも二、三〇年は遅れているため、すでに土地を獲得し終わった国、あるいは土地獲得の必要のない国々から、軍国主義だとか侵略主義だとか平和の攪乱者と見られる虞《おそ》れがあるから、到底これを実行するわけにはいかない。

ただ残るのは、わが民族が平和的な方法によって、他国の広大で人口の希薄な土地に食い入って、そこに根を張るよりほかに途はない。しかもこれはまず露領シベリアと支那の満蒙に求めねばならないのである。ゆえにわが国力のあらゆる外延を、この一目的に向って集中させることが、すなわちこれがわが東洋政策の骨子であらねばならない。そしてこれに成功すればわが国は活き、そうでなければついに活きることができない運命を有するものといっても、あえて過言ではないのである。

国に資源なくしてただ漫然と産業立国を説いたところで、それは畢竟《ひっきょう》木によって魚を求めようとする空しい閑事業といわねばならない。ゆえに旧時代においては、主として武力によって解決してきたところのものを、新時代においては、平和的政策によってわれにこれを召致しようとするのである。

列強のうち米国と英国とは、自分自身において十分な物資を具え、あるいは物資の供給を確保しているために、その外交政策の傾向は日本のそれとは自ずから異ならざるを得ない。

つまり、英米両国の欲するところは土地と物資ではなく、その製品の販路に対する市場の獲得にある。しかも彼らの市場獲得はわが東洋にとってはすなわち一つの侵略とならざるを得ない。しかるに日本の欲するところはこれに反して原料の獲得に存するのである。したがって英米の外交政策と日本の外交政策とは到底共通点を持ち得ないことは今さらここに言うまでもないことである。すなわち英米の協調外交方針というものを厳密な批評眼をもって眺めなければならないことは、この理由から帰結するところに他ならない。そしてこの意味を敷衍すれば、日本は支那に対し、またはロシアに対しては、特に日本だけの自主的外交政策を把持すべきものであるということになる。それは私が従来ロシアとの親善に努めあるいは支那の和平統一を希望し、また過般この老躯に鞭うって訪露を決行したのも、要するに右に陳述した主義に立脚して、いささかわが東洋政策の樹立に貢献しようとした責任感の発露にほかならないのである。

満蒙問題はすなわち対露問題

世人はよく一口に満蒙問題というが、満蒙問題はただ直接に満蒙それ自体に局限して解決できるものではない。すでに問題の根幹が、わが日本の国家的発展を眼目とする東洋政策にある以上、満蒙問題は同時にシベリア問題であって、シベリア問題はすなわちこれ対露問題であらねばならないのである。ところがわが邦が満蒙に手を掛けてからもはや二十有余年になんなんとするのに、その実績は果たしてどうか。公平な観察を下せば支那にのみむしろ大なる利益を与え、われはただかろうじて南満鉄道の一線を保有しているにすぎない状態にあることは、日支の共存共栄を理想とされたもうた明治天皇のたっとい大計に答え奉るゆえんではない。私はこれを想うごとに、憂心うつうつとして、そのために眠食を安んずることができない。しかもこのことは、満蒙問題は対露問題であることを等閑に付した当然の結果と言わざるを得ない。そしてこれはすなわち、満蒙問題の解決は、ロシアとの親善協定を計ることにありとの私の平生の主張を強く裏書するものでなくして何であろう。

東洋政策樹立の具体案

それでは東洋政策樹立に関する私の具体案は、いかなるものであるか。すなわち、先年、自分が発表した極東シベリアの沿海州に対して、少なくとも二五万人以上のわが農民を移植させるコンセッション〔譲歩〕を獲得することである。そしてこの二五万人以上の移植のコンセッションをソヴィエト・ロシアより極東に獲得設定することが、満蒙問題と直接何らの関係を有しないかのごとくであるが、間接的にはデリケートな影響を満蒙それ自体に及ぼして、それが遂には満蒙問題それ自体の解決となるのである。しかも鉱山または林業などの移動的労働者を先駆とせず、土着的農民労働者をもってするところに、また深遠な意義を包含するものと言わざるを得ない。鉱山あるいは林業などに従事する移動的労働移民を仮に五〇万人以上送ったとしても、その潜在的持続的勢力は到底一〇万の土着的農民の移植に及ぶべくもないのである。たとえば、今日大冶の鉱山から一トンの鉄を買求めるにも、頓首再拝《とんしゅさいはい》して行かなければならないということは、結局、わが土着的勢力の欠如を意味するものにほかならないのである。

そこで、私がヨッフェ氏を招致した時には、極力このコンセッション獲得の相談をしたのであるが、もし当時のわが政府において、先見の明と決行の勇を有していたならば、九九カ年のコンセッションを獲得することは、あながち難事でもなかったのである。しかるにその後、日本政府が躊躇《ちゅうちょ》逡巡《しゅんじゅん》している間に、ソヴィエト政府はますますその政権を確立するとともに、対外政策をもまた自ら変更するところがあり、かつわが平和的政策である誠意を彼に徹底できなかったなどの原因で、今日においては、五〇カ年はおろか三〇カ年さえも、快く許可しないようになった。いわゆる後の祭りでいかにも痛恨事といわねばならない。そして私の計画は、このような農民移植のコンセッションをまず百万町歩、水稲米作に最も好適した処のハンカ湖付近に獲得しようとしたのであるが、今日においてはソヴィエト政府自らそのハンカ湖付近に宏大な設備を有する農事試験所を設置することになったのは、むしろ一つの皮肉といわざるを得ない。

ソヴィエト・ロシアの朝鮮人懐柔

このようにソヴィエト・ロシアは、日本の集団的農業移民に対して快くコンセッションを与えないのは、いまだ日本が軍事的侵略の野心を包蔵するものと思う危惧の念に駆られたものにほかならないのである。これに反して注目すべきは、朝鮮人の農業移民を盛んに懐柔し馴撫《じゅんぶ》しつつあることである。先年ヨッフェ氏来朝当時の調査によれば、国外に移住している朝鮮人は約六〇万人で、その中の約四〇万は関東洲と満洲に、約二〇万は極東の沿海州に在ったのであるが、それ以来わずか四、五年後の今日においては、関東および満洲に約百万、沿海州に約百万の移住者を激増しているのである。そして極東沿海州に移住したものは、みな水稲米作の農業に従事して成功しつつあるということは、あまりわが国の人の中にもよく知られていない。私は数年前よりこのことがわが東洋政策上に影響するところ至大であることを慮《おもんばか》り警告を与えたのであるが、遺憾ながら当時はいわゆる後藤の大風呂敷として、一顧だにされなかったのである。ところが一昨々年に至ってわが農商務省から発表された報告によって、私の計画は決して空虚な大風呂敷ではなく、確実な材料を充分に包んだ大風呂敷であることが自ずから証明されたのである。しかしその調査報告は今になお秘密として広く国民に知らせることを欲しないのは、何の意かを解するのに苦しまざるを得ない。このようにしてことごとく時機を逸してしまうことは、国家の損失実に測りしれないものがある。

今日、朝鮮の内治は警察、憲兵、軍隊をもってして、一見泰平無事であるかのようで、その統治を謳歌すべき状態であるようだが、いやしくも脚腰の立つほどの者はみな国外に出て行くことがますます多くなるのは、どうしたものであるか。しかも粗野低廉な生活に堪え得る彼ら朝鮮人は、極東沿海州においてあたかも豚小屋同様の生活に甘んじてなおその繁殖力は低下しないのであるから、沿海州に二百万人以上の朝鮮人を数えるのは、決して遠い将来ではあるまい。ましてロシアは彼らの帰化を歓迎するのであって、彼ら朝鮮人が集団して村落をなせば、ソヴィエト政府は帰化朝鮮人にその村長、あるいは郡長としての職責を命じている実状に、ひとたび想到《そうとう》するならば、わが東洋政策に影響すること甚大なものがあることに、今さら驚愕してもすでに後れたものというべきである。

朝鮮人の民族自決運動

かくして極東に移住する朝鮮人が二百万以上に達すれば、その暁において彼らの間に民族自決運動を起こし来るのは、まさに火を見るよりも明らかなことである。その時に当って日本はどのようにこれに対しようとするのか。私は彼らの民族自決そのものに反対するものではない。ただ現今のように東洋政策に目覚めないわが国状であっては、到底これに施すべき何らの策もない窮境に陥ることは、識者を待って後に知るべきことではない。

これまでジュネーブの国際連盟会議に朝鮮民族の自決論を提出したことはすでに前後二回に及んでいる。禍を予察して防ぐのは智者の事であって平和を永遠にする術である。そしてこの禍根を断つのは日露両国の平和に資するゆえんであらねばならない。ゆえに、今日よりあらかじめその対策を攻究しておくことは、わが東洋政策上極めて緊急の重大事であるといわなければならない。

前述したように、極東ハンカ湖付近に約百万町歩の農耕地を設定して、少なくとも二五万人以上の農業移植民のコンセッションを獲得しようとした私の東洋政策樹立の一具体案は、すなわちこの朝鮮人の民族自決運動の解決と至大至深の関係を有するものであって、その対策というべきものであるが、事は国際的機密に触れる恐れがあるので、その理由を詳述することができないのを遺憾とする。とにかくわが日本民族が極東の地に平和的な方法で土着的に食い入ることは、満蒙問題解決の鍵を握り、また朝鮮統治を容易ならしめるものである。換言すればすなわち、日本民族が極東に根を張ることは、満蒙問題を解決するゆえんであるとともに、朝鮮を統治するゆえんであることに着眼しなければならないのである。ところが、満蒙問題といえば単に満蒙そのものに囚われ、朝鮮統治といえば朝鮮そのものに囚われ、遠くロシアに着眼して極東、満蒙、朝鮮を連ねて共存共栄に導く雄図大略の東洋政策を樹立しないため、たちまち朝鮮に行詰り、またたちまちにして満蒙に行詰らざるを得ないのである。

私が日露親善に努力する真意

私が日露親善提携に努力するゆえんは、単に対支対鮮問題の解決のゆえのみではない。わが対米関係にも微妙な作用を招来して、わが国を有利な地位に立たせ得るものがあるがためである。もし日露の提携が成立して日本の背後にロシアがあることを知れば、他日、人種問題を融和して割拠の弊を除去し、対米移民問題あるいは支那問題に関しても、米国は容易にわが日本を掣肘《せいちゅう》できない事情があることを知らねばならない。これらの関係を顧慮して東洋政策の樹立を策そうとするものは、また自ずから対露関係を等閑に付せないことを自覚せざるをえない。これがそもそも私が日露の親善に努力を惜しまない真意の存するところである。

私が先頃訪露の際、ソヴィエト政権の中心人物であるスターリンと隔意のない意見の交換を行ったのもほかでもない。日本とロシアと支那との三国は、その地理的経済的関係上、どうしても協同提携して東洋の平和を計らねばならぬということであったのである。スターリン氏ももちろん異存のあるはずはない。堅い握手をもって誠意を表示したのである。そこで私は、ただ一私人としての訪露であるから、日本政府が日露支の三国協定を実現する意志があるか否かは、自ずから別問題であるが、とにかくこの問題について交渉するならば、その成るか成らないかを、あらかじめ定めるところがあって、そして後に交渉する方が相互の得策である。もし日本政府がこの交渉を始める場合は、貴政府においては、欣然《きんぜん》として交渉に応ずる意はあるや否やと、念を押して確かめたのであるが、スターリン氏は誠意をもってこの交渉に応ずることに吝《やぶさ》かでないと、断言したのである。

赤化に対するわが態度

しかしながら、この日露支三国の提携親善を進めようとするに当って、ここに一つの大きな障害となるものは、すなわちロシアのいわゆる赤化宣伝である。これには支那においても最初は随分悩まされたようであったが、遂には赤化の張本人であるボロージン[1]を放逐して、今日においては国民党独自の力で、とにかく北伐に成功し、支那の和平統一に向って歩を進めつつあるのである。わが邦においても、この赤化宣伝に対しては異常な恐怖心に駆られつつある一部の人々もあるが、これはたまたま自信力の薄弱を表明するゆえんであるとともに、かえって疑心暗鬼を生ずる嫌いがあるものといわねばならない。もとより私といえども彼の赤化宣伝に対してこれを等閑《とうかん》〔なおざり〕にせよとは言わない。その取り締まるべきは厳重に取り締まるとともに、赤化思想発生の原因をなす、社会的および経済上の欠陥を除去することに努力すべきはもちろんのことだが、ただそのために日露の親善を拒否し、あるいは躊躇逡巡《ちゅうちょしゅんじゅん》するには及ばないと信ずるものである。なぜならば、かの赤化運動は、ソヴィエト政府に直接関係を有するものではないだけでなく、現今においてはソヴィエト政府当局においても、第三インターナショナル[2]の赤化運動には、むしろ困惑しつつあることは、まさに覆うことのできない事実だからである。

　私が訪露の際、各方面の有力者に対して、赤化運動の効果を尋ねてみると、いずれも異口同音にいたずらに労多くして効少ないことをかこつのであった。しかし革命の当初においては、世界赤化を内外に宣伝し、ことに国内の統一を計るためには、力を極めて世界赤化を説き、一億六千万金ルーブルの宣伝資金をすでに第三インターナショナルに渡してしまったのであるという。そして今日ではその過半数を消費しても、何らの効力がないばかりでなく、かえって各国からは強烈な反抗や苦情が絶え間なく起こり、そのために外交の大局を誤ったこともあるので、ソヴィエト政府ではほとんど自ら手を焼いて、今では外交官たるものは、決して赤化運動に関係しては相成らぬと厳禁したのである。昨年仏国で問題となったラコフスキー大使を免職処分した[3]のはその一例である。

このようにソヴィエト政府と第三インターナショナルとは、全然別個のものであって、外務省はもちろん、ソヴィエト政府全体も外国に宣伝する費用を予算に組まないのである。そして今後は平和を保つためには、外に向ってもはや赤化宣伝などに努力しないといっているのである。しかし第三インターナショナルは依然として存在し、やはり外国に向って執拗に宣伝しているではないかと、私は反問したのであるが、それは仕方がない、ちょうど米国のキリスト教伝道会社(ミッション)のようなものであると、スターリン氏は笑って答えたのである。そして外交官が第三インターナショナルのお先棒となって努力するものは免職するばかりでは不徹底であるから、免職した上にさらにこれを罰せよと迫る国もあるが、私の方ではそこまではできない。実はカラハンなどは支那の赤化宣伝に第三インターナショナルと協力したものであると言われるが、露支関係に果たして何の効果を収めたか、むしろ悪結果を招来したといわんばかりに苦笑しながらスターリンは自分に話したのである。要するに外国への赤化宣伝は、結局、徒労に帰することを彼ら自身も自覚していることは、欺かざる事実といってもよいのである。まして日本とは赤化宣伝をしないことを厳重に条約に定めてある以上、また、ただいたずらに恐怖嫌悪してロシアとの接近親善を拒否あるいは躊躇するに及ばないことである。

日本民族の自信力

今や支那においては、北伐に成功して和平統一の大業に進展しつつあるとともに、ロシアにあっては革命後すでに一〇周年を経過し、その新経済政策は着々として効果を挙げ、なおも周囲の形勢に順応して漸次改善を行い、さらに新々経済政策をも加えまじき状況にあることは、その将来の興隆を予想するに難くはないのである。これは、実にわが日本にとっては、いたずらに蝸牛角上《かぎゅうかくじょう》(4)の政権争奪などに没頭すべき時機ではない。まさに邦家百年の大計たる東洋政策の樹立にますます勇往邁進《ゆうおうまいしん》すべきときといわねばならない。

それには、相手方のロシアが仮にどのような権謀術策を弄しても、われは至誠をもって当り、彼を善導するだけの決心と自信力とを持たねばならない。たとえば、彼が騙してわれを背負い、向こうの川岸へ連れて行くというならば、その言にしたがい信を彼の腹中において、背負われて行くべきである。しかし川の真ん中において、水中に落されたとしても、その時は自ら泳いで向岸へ着くだけの自信力と覚悟があればよいのである。しかるにもしもその自信力と覚悟がなければ、むしろ危いといわざるを得ない。すべて対外関係は、この自信力ある呼吸が一番大切である。

かのロシアは非常に狡猾であるばかりでなく、赤化という恐るべき伝染病の発源地であるから、決して近寄るべきものではないと恐怖し嫌悪する類は、東洋の大策大局に着眼のない、区々たる小人輩の短見といわざるを得ない。彼が果たしてどのような権謀術策を弄するか、また果たしていかに赤化宣伝を行うか、それはその時に当ってわれより至誠をもって断然たる処置に出ればよいではないか。しかるにただ取り越し苦労と恐怖心のために日露の接近親善に逡巡することは、わが国家百年の大計である東洋政策の樹立に対して決して忠であるとは言い得ないのである。

注

（1）ボロージン（一八八四―一九五三年頃）ソ連の政治家。一九二三年、広東の国民政府顧問として中国に赴き、国民革命を指導。二七年、国共分裂と共に中国から放逐される。

(2) 共産主義インターナショナル。一九一九年、レーニンの指導下で、モスクワに創設。国際共産主義運動の指導にあたったが、第二次大戦中の一九四三年に解散。コミンテルン。

(3) ソ連では一九二〇年代に入って、世界革命を目指すトロツキー一派と一国社会主義を目指すスターリンとの間に闘争が行なわれ、トロツキー派は次第に粛清され、やがてトロツキーは国外追放となった。その余波を受け、フランス大使ラコフスキーは一九二七年十月に大使職を解かれた。その後、一九三七年の大粛清に際して、駐ブルガリア大使であったラコフスキーは帰国命令を拒否、「スターリンへの公開書簡」を送り亡命宣言したが、彼の死も謎の急死であったという。

(4) 大局から見ると意味のないような小さな事柄で争うこと。

ゾルフ博士との交情

ヴィルヘルム・ゾルフ（一八六二―一九三六）はベルリン生まれ。カルカッタで東洋語を学び、ドイツ植民省に入る。一九〇〇年サモア島総督となる。一一年植民次官となり植民地行政機構の改革に尽力。第一次大戦中の一八年に『世界政策と植民政策』を著す。同年一〇月、外務大臣となり停戦交渉にあたり、一二月に辞職、二〇（大正九）年一二月駐日大使として来日した。

ゾルフ博士が来日したとき、後藤新平は東京市長になったばかりで、しだいに親交を深め、二五（大正十四）年新邸が完成すると後藤はゾルフ博士を最初の正客として招待した。

その後、ゾルフ博士は後藤らとともに日独協会の復興に尽力。二六年六月二七日、後藤はゾルフ夫妻と令嬢ラギーを晩餐に招いた。同年一〇月、後藤は日独協会会頭となるが、この協会は社交団体であったため、ゾルフ博士はさらなる日独文化交流を深めるために二七年四月八日、日独文化協会を設立、後藤が会長、ゾルフ博士が顧問となった。この年の一二月、後藤は訪ソを決行するが、ゾルフ博士は後藤の身体を案じていた。

一九二八（昭和三）年一二月五日、ゾルフ博士の大使離任帰国のため送別会が帝國ホテルで開催された。ゾルフ博士は日本に駐在する外国使臣中の首席として信望を一身にあつめており、来会者は三百四十余名にのぼった。もちろん後藤も出席していた。宴の席上、ゾルフ博士は「日本に赴任するとき、エーベルト大統領は『格別望む事はないが、日独の関係を戦前の友誼に引き戻すように、日本とドイツは戦争において反対者であったが仇敵ではない』と言われたが、その言葉が裏書されて、戦後疲弊するドイツに対して寄せられた日本の好意に深謝する……」と挨拶。宴がまさに終らんとした刹那、ゾルフ大使は再び起ちあがって、「ただ今本国ストレーゼマン外相より本官にあてて、後藤伯爵にハンブルグ大学より名誉法学博士の称号を贈られた旨の電報が到着した事を御報告し諸君と喜びを分かちたい」と挨拶、一人おいて隣に坐っていた後藤と堅く握手を交わした。突然の吉報に後藤は、「たった今まで僕は夢にもこんな名誉にありつこうとは思わなかったよ。全くうれしい。元来ハンブルグ大学は植民政策ならびに世界政策に多大の注意を払っているので、その結果僕のごときものにこの名誉を贈ったのかと思う」と語った。

▲ *Wilhelm Solf(1862-1936)*

ボリシェヴィキ、後藤を偲ぶ

一九二八年一〇月、後藤は功労が認められて伯爵に列せられた。特筆すべき功績はソ連邦との関係正常化と漁業協約の締結であった。しかし年老いたユーラシア主義者の生命力はまさに尽きんとしていた。一九二九年四月一三日、三回目の脳溢血に倒れ、この世を去った。このニュースが、モスクワに届いた。カラハンはすぐさま酒匂《さこう》秀一臨時代理大使（田中大使は留守中）を呼び、外交上の弔問文を手渡した。

後藤伯爵のご逝去の報に接し、心からの哀悼の意を表し、貴政府に衷心よりのお悔やみを申しあげます。（…）伯爵は、両国間の相互理解と発展、強化のために尽くされ、ソ連邦と日本の間の政治、経済、文化の緊密化に重要な役割をはたされました。ご逝去による損失は計り知れないものがあり、とくに私個人にとっては大変辛いものがあります。われわれの長年の協力関係に心から感謝し、伯爵の高い個人の資質にたいしあらためて畏敬の意を表するものであります。

カラハンは、その日に『東京日日新聞』の記者、布施勝治に弔意を表した。

伯爵のご逝去の報に接し、私の辛さは言語に絶するものがあります。日本の政界から、歴史上稀にみる活力に満ちた政治家を失ったのみならず、ソ連もまた両国の関係緊密化のために多くの精力的な活動に尽力された最高の日本の友人を亡くしたのです。彼の名はわが国に広く知られ、彼のご逝去は悲しみをもって迎えられるでしょう。じつに伯爵と私は、個人的友情で結ばれておりました。そのご逝去の報せを受けたときのわたしの痛みは言葉で表現しようがありませんでした。

通常の外交辞令を超えたこれらの言葉には彼の誠実さが滲み出ている。全国紙の弔辞は、アレクセイ・カントロヴィッチ・カラハン（ペンネーム「アヤクス」）によって、起草された。人民委員代理は、自分で文章の下書きをした。

所属する階級や世界観がどのようにわれわれとかけ離れていようとも、後藤新平伯爵のご逝去の報は、身近な友人を墓に送るソ連国民の心からの悲しみをもって迎えられるでありましょう。

後藤の両国関係の発展における格別な貢献は同胞にも明らかであった。大川周明は、「日本国中に一人もロシアと口をきき得るものがいなくては不便不利もはなはだしいものと言わねばならぬ」と強調し、次の賛辞を送った。「今日わが国が後藤伯を喪ったことは、他のいかなる点よりも、日本とロシアとのもっとも有効な仲介者を喪ったという点において国家の損失だと、予自身は信じている」。

（ワシーリー・モロジャコフ／法政大学日ロ関係研究所特任研究員）

〈解説〉後藤新平の対外政策論と「世界認識」

井上寿一

はじめに

後藤新平の対外ヴィジョンは、一見すると相互に矛盾する複雑でわかりにくいものである。後藤の経歴は近代日本の帝国主義的な対外発展の歴史と軌を一にしている。後藤は台湾の植民地統治に総督府民政長官として辣腕を振るい、一九〇六年には初代の満鉄（南満洲鉄道株式会社）総裁に就任する。

このような経歴から後藤を「帝国主義者」と呼んでよいのかもしれない。ところが後藤は、第一次世界大戦中の日本による中国に対する帝国主義的な要求（対華二一条要求）を批判している。他方で後藤はシベリア出兵（ロシア革命に対する干渉戦争）に賛成する。それにもかかわらず、ソ連の成立後は一転してソ連との国交樹立に尽力した。対外政策の一貫性の欠如、矛盾は対中、対ソ関係に限らない。後藤は「新旧大陸対峙論」を唱えた。これは台頭するアメリカに対する日中露三国提携論である。その後藤は満鉄総裁として、アメリカ資本の積極的な導入による満鉄経営をおこなう。対米ブロック圏構想とは対照的な対米態度だった。

後藤の対外ヴィジョンがわかりにくいのは、後藤の意見書が一般の政策文書とは異なるボキャブラリーに満ちており、論理が飛躍する個所も多いからである。本書所収の諸論考も博引傍証、止まるところを知らない。それにしてもたとえばつぎの一節はどう理解すればよいのだろうか。

「人民と国家との関係は、心霊と躯幹との関係である。国家はその心霊たる人民の内面的一致、内面的統一を必要とする」（『日本膨脹論』第一〇章）。

これでは後藤の対外ヴィジョンは抽象度の高い哲学的な思考であって、個別の政策判断は場当たり的で、思いつきに過ぎなくなる。

しかし一見すると相互に矛盾、対立する後藤の対外政策にも一貫して通底する何かがあるかもしれない。それを「世界認識」と呼べば、以下では本書所収の諸論考に通底する「世界認識」の析出を試みたい。この試みの結果は、何らかの今日的な示唆を与えるものとなるはずである。

対中政策

本巻の最初に所収されている「**対清対列強策論稿本**」は、日露戦争後の日本の外交政策論である。ロシアとの戦争にかろうじて勝つことができた日本は、それゆえにこそロシアとの再戦を恐れた。

これに対して後藤は、対露再戦よりも日清対立を危惧した。日露戦争の結果、日本が手に入れた満鉄などの「満蒙特殊権益」をめぐって、日清対立が激化する。後藤はそう予測した。後藤は「第二の日清戦争」とまで危機感を強調している。もとよりこれは比喩である。後藤は日清外交交渉によって、「戦争」を予防できると考えていた。

後藤に既得権益を手放す気はなかった。それにもかかわらず、なぜ後藤は外交交渉による解決が可能と踏んだのだろうか。後藤は言う。「満洲鉄道を経営することによって、同じ利潤を列国で分かち、地方の民物を文明の恩沢に寄り添うようにさせることは、実に我が天皇の聖意によるものである」。後藤にとって満鉄は、いわば列国との公共財であり、中国東北部の文明化の手段だった。このような存在の満鉄をめぐって、日清間が正面衝突をすることはない。後藤は外交交渉による調整をめざした。

以上の対外政策構想は、別の言い方をすれば、満洲をめぐる列国協調の重視だった。後藤は「ただ今、米国のわが国に対する善意は是非とも迎えて、強固にすべきである」と日米協調を掲げる。他方で対露関係について、「雨降って地固まる」とでもいうべき、戦争を契機とする提携論を展開する。これに日英同盟を加え、フランスに接近する。後藤は多国間協調のネットワークを形成しようとした。

実際のところ、一九〇七年六月に日仏協約、同年七月に日露協約がそれぞれ成立する。後藤はこれを欧州国際政治における勢力均衡の極東への波及と理解する。列国の勢力均衡の意義は何か。後藤は「非戦的非軍備的意義」にあると喝破した（**「対清政策上に於ける日露日仏協商の価値」**）。すなわち日仏露英の列国協調のネットワークは、軍事から非軍事＝経済へとその意義を転換していく。後藤が重視したのは、中国をめぐる列国との経済協調関係の確立だった。

このような対外構想を持つ後藤が対華二一条要求を批判したのは、当然だったといえよう。欧州大戦中の一九一五年一月、中国に突きつけた二一項目の帝国主義的な要求は、日本の個別利害の確保が目的であって、列国協調に反したからである。後藤は同時期、東洋銀行構想を推進すべく努めていた。東洋銀行の創設をとおして日中経済提携を進めて、中国を経済的な列国協調のネットワークのなかに入れる。そう考える後藤にとって、対華二一条要求は、批判されなくてはならなかった。

対華二一条要求は、列国の非難を浴びる。日本は要求項目のいくつかを撤回し、譲歩を余儀なくされる。日本の対華二一条要求外交は失敗に終わった。これを受けて後藤は翌大正五(一九一六)年九月の論考「**不徹底なる対支政策を排す**」において、中国をめぐる列国協調の立場から「日支両国の地位および利害を差別的に判断し、ひいては両国の関係を紛糾させ、かつ列国にわが国の政策が領土的野心から出たもののような誤解と疑惑を惹起させることになる」と注意を喚起した。後藤の立場は列国協調の重視で一貫していたのである。

対露政策

日露戦争後の日露協約を歓迎した後藤にとって、一九一七年のロシア革命は、日露提携の前提を奪いかねない一大変動だった。日本政府内では、本野(一郎)外相がロシア革命に対する軍事干渉=シベリア出兵に積極的だった。後藤も出兵積極論者であっても不思議ではなかった。ところが後藤は本野を批判して、出兵に消極的だった。一九一八(大正七)年四月、外相に就任したあとも、しばらくは慎重な姿勢をとっている。後藤の姿勢に変化が訪れるのは六月である。この時から後藤は、出兵積極論者になる。

半年に満たない外相の在任中、後藤が主導的な外交判断をしたのはシベリア出兵である。「無名の師」として悪名の高いシベリア出兵が外相として達成した唯一のことだとすれば、後藤の過誤が批判されるのは、もっともだろう。

たしかに後藤は「**シベリア出兵意見**」において、積極論を展開している。しかし注目すべきは、同意見書のつぎの記述である。

「世上に言うところの出兵は、征服の目的を達し、降伏させることを意味する用語であるので、かりそめにもその目的を達することになれば、いたずらに退守することは許されないが、以下において言おうとする出兵はこれとは別個の意義を有するものでなければならないこと」。

「戦時警察的意味において出動するものであるので、もとより征服を目的とせず」。

要するに後藤は、目的と期間を限定して軍事作戦行動とは異なる「戦時警察的」行動をとろうとしていた。これに加えて後藤が「日英米連衡の必要」を訴えていることを知れば、後藤のシベリア出兵の意図は明らかだろう。

後藤は出兵決定の翌月、内閣の交代にともなって外相の職を離れる。それゆえ後藤が意見書の通りにシベリア出兵を収拾できたかは、たしかめようがない。仮に原（敬）内閣に外相として留任したならば、アメリカを始めとする列国の態度が再転換した時、後藤も積極的出兵論の立場を転換したかもしれない。もちろんこれは仮定の話である。ただし、シベリアに出兵した国のなかで、もっとも遅く日本も撤兵した翌一九二三（大正十二）年、後藤はソ連の外交官ヨッフェを招請し、日ソ国交樹立のきっかけを作った。このことを想起すれば、上述の仮定にも意味はあるだろう。ソ連邦の成立にもかかわらず、シベリア撤兵後、あらためて後藤は、革命前と同様に、日露（ソ）提携論を追求したのである。

対米政策

後藤が日中露（ソ）三国提携を唱えたのは、アメリカへの対抗からだったと理解されている。日中露（ソ）対米の対立図式は、普通、後藤の「新旧大陸対峙論」と呼ばれる。後藤が「新旧大陸対峙論」を展開したのは、伊藤博文との会談（一九〇七年）においてである。

会談の記録は「**厳島夜話**」としてまとめられている。後藤の「新旧大陸対峙論」は、この記録を読まなくてはわからない。他方で同史料は、事後的な正当化の可能性を含む、昭和初年頃の回想録であって、意図的かそうでないかはともかく、記憶違いの記述がある（たとえば会談は三日三晩となっているが、実際は二日一晩）。そうである以上、まずは同時代の史料をさきに検討すべきだろう。

後藤は一九一九（大正八）年三月から一一月まで欧米視察に赴いている。帰国後ほどなくして、後藤はある講演において、欧米視察報告をおこなう（「**欧米漫遊所見**」）。後藤はアメリカの科学技術の発展に目を見張った。「最近のアメリカの大学の進歩は非常である。……ボストンのインスティチュート・オブ・テクノロジーなどは実に盛んなものである。……アメリカの進歩というものは驚くべきものである」。「サイエンスの効用」を語る後藤にとって、アメリカは日本よりもはるかに先進国だった。

後藤はこのようなアメリカと「対峙」することを本気で考えたのだろうか。後藤の対米観は、一九二四年五月の「**世界平和と日本の使命**」のつぎの一節が示しているように思われる。

「東洋の平和――そして世界の平和はひとり日、支、露の三国によってのみ成就することはできない。米国は太平洋上における強国の一つであり、そして二十世紀における世界の舞台は太平洋にあることも、また否定できない事実である。故ルーズヴェルト氏もまた明瞭にこれを認めていた。私のロシア政策における緊要な分子は実は米国である。

そして日米両国の完全な諒解以上に太平洋の平和維持に必要なものがない」。

二十世紀をアメリカが主導する太平洋の時代と予見する後藤は、日中露三国提携と日米協調を結びつけようとしていたのである。そうだとすれば、後藤が満洲経営に対するアメリカ資本の導入に積極的だったことも、矛盾なく理解できる。

以上を確認したうえで、あらためて「厳島夜話」を読みなおすと、アメリカと「対峙」するといっても、軍事的に「対峙」するのか、あるいは政治外交的になのか、具体性に乏しく、後藤は別のことを示唆していたと推測される。後藤が示唆したのは、新大陸からのアメリカの台頭を前提とする外交ヴィジョンを描くことの重要性だった。それはアジア太平洋地域におけるアメリカを含む経済的な多国間協調の枠組みのことである。経済的な多国間協調を国際協調と定義すれば、後藤は国際協調主義者だったといっても言い過ぎではないだろう。

「世界認識」

以上の対外政策論に通底する後藤の「世界認識」とは何か。後藤は「**日本膨脹論**」において、包括的な議論を展開している。「日本膨脹論」が抽象的で難解に見えるのは、後藤が「日本民族膨脹の根本概念を、専ら人文哲学ないし開化史の側から立論することに心を用い、かつ常に生物学的観察を挟み、できる限り国民生活の核心に触れることを主とした」からである。この点を踏まえて「日本膨脹論」を読み解けばよくわかるように、後藤の理路は整然としている。後藤は世界を「民族主義」と「世界主義」の対立・交錯・相互補完の観点から認識する。そのような世界において、後藤は日本民族が膨脹すべきことを説く。

後藤の経歴を考え合わせれば、「日本膨脹論」は日本の帝国主義的な対外膨脹論と寸分たがわぬものと見間違えかねない。後藤は「帝国主義者」とは「大いにその志を異にする」と述べる。それでは後藤の対外膨脹論とは何か。後藤は「日本膨脹論の第一義を民族の精神的発展に置き、これを基本とし、主調とし、骨子として本書を編述した」と言う。後藤は従来の「機械的、武断的膨脹」ではなく、「有機的、文化的膨脹」をめざす。後藤にとって、対外政策とは「文化政策」(「文明政策」)のことだった。

このような対外膨脹論を説く後藤にとって、憂慮すべきは「諸外国との協同経営、なかでも中国およびロシアとの精神的ならびに政策的結合が未だ充分に緊密でなく、常に列国の歩趨におくれ」ていることだった。そうだからこそ、日本は外に向かって膨脹しなくてはならない。後藤は力説する。日本の対外膨脹によって、「東洋諸国の文化を善導し補佐するということは、わが日本民族にとって必ずしも至難の業ではない」。

後藤の「世界認識」と対外政策論は、その後も変わらない。亡くなる二年前の論考「**東洋政策一斑**」は、一九一九年の三・一独立運動のような「朝鮮人の民族自決運動」について、「私は彼らの民族自決そのものに反対するものではない」との考えを明らかにしている。後藤にとって問題は朝鮮の民族独立運動の是非ではなかった。「満蒙問題といえば単に満蒙そのものに囚われ、朝鮮統治といえば朝鮮そのものに囚われ、遠くロシアに着眼して極東、満蒙、朝鮮を連ねて共存共栄に導く雄図大略の東洋政策を樹立しない」ことが問題だった。後藤は日本の対外膨脹をとおして、非西欧世界の「文明」化を進めることによって、問題を解決しようとしたのである。

日本が内向き志向をあらためて、東アジア世界の「文明」化のために、積極的な対外政策を展開する。これは今の日本の課題でもある。

〔注記〕後藤新平の外交ヴィジョンを主題とする斬新な評伝として、北岡伸一『後藤新平——外交とヴィジョン』(中公新書、一九八八年)がある。本稿は、同書の分析視角に多くを負っている。

●いのうえ・としかず
一九五六年生。学習院大学教授。日本政治外交史専攻。著書に『日中戦争下の日本』(講談社)等。

解題　本書所収の資料について

春山明哲

「対清対列強策論稿本」及び「対清政策上に於ける日露日仏協商の価値」

いずれも『〈決定版〉正伝　後藤新平　4　満鉄時代』所収の資料で、前者は四三三—四四八頁、後者は四四八—四六六頁に掲載されている。この論稿は一九〇七年六月、後藤が満鉄総裁として北京を訪問した頃に書かれたものではないかと鶴見祐輔は推定している。また、鶴見は首相、外相クラスの人物に提出することを想定して書かれたものと推察しているが、実際に提出されたかどうかは明らかではない。原文書は『後藤新平文書』中にあり、マイクロフィルム版では「八　満鉄総裁時代」の「四九　対清対列強策論稿本」、「五〇　対清政策上に於ける日露日仏協商の価値覚書」（R三九＝リール番号三九）に収録されている。なお、マイクロフィルム版目録では前者に「明治四十一年」（一九〇八年）と作成年が記載されており、鶴見の推定年とは一年ずれている。

「厳島夜話」

『後藤新平文書』マイクロフィルム版「八　満鉄総裁時代」の「五二　厳島夜話　故伊藤公ノ遺図　対支及対米問題解決の秘鑰《ひやく》」に収録されている。原文書では原稿用紙の最後に元号「昭和」が記載されており、後藤がこの文書を完成したのは昭和初期と思われる。この「厳島夜話」は後藤の雄大な構想が劇的な臨場感をもって表現されており、『環』第八号（二〇〇二年冬）小特集「後藤新平と日米関係」にも採録されている。『〈決定版〉正伝　後藤新平　4　満鉄時代』では四八七～五二六頁に該当部分がある。同書四九八頁の鶴見祐輔の記述によれば、「厳島夜話」では後藤は第二策として「新旧大陸対峙論」を主張したのであるが、第一日目と第二日の夜までは、後藤は第一策の「大アジア主義」を主張し、伊藤博文と激論を交わしたことになっている。『後藤新平文書』中には、この「厳島夜話」の第一策「大アジア主義」に関する後藤の論稿が見当たらない。

『日本膨脹論』（抄）

後藤新平は大正十三（一九二四）年九月、大日本雄弁会講談社からこの『日本膨脹論』を刊行した。後藤の「再版序」によればこの書が最初に刊行されたのは大正五（一九一六）年、第一次世界大戦の最中のことであった。それから八年が経過したが、後藤によれば「八年前において、本書に予の公言し予想せるところ、今日において、何等改廃の必要を見ない」としている。本書収録にあたっては再刊本を底本とした。再刊にあたって後藤は徳富蘇峰に序文を求め、また、初版にあった「執筆の由来」を再掲している。

蘇峰はその序文において「著者の意見の先駆者を求めば、我が帝国に横井小楠翁がある。（略）然かも翁の国家経綸の根本主義は、宛も本書の所説と、其揆を一にす」とし、さらに「予亦た明治二十七八年役に於て、『大日本膨脹論』を著し、聊か小楠の理想を、事実の上に、表現せんことを試みたことがある」として、横井小楠の思想の系譜からの視点を提示している。後藤は若いときから横井小楠に深い関心を寄せていた。

後藤の「執筆の由来」は「予が台湾生活は僅に十年の短日月に過ぎなかったが、予の得たる経験は、予に取りては実に生涯の誇りであり、精神上の光輝である。」と書き始められ、「台湾の社会は実にこれ蓬々三千年に渉る人類生活の活歴史であり活縮図である」として台湾経験を回顧することから筆が起されている。

このように『日本膨脹論』は後藤の思想の全体像を知る上で興味深いしかもかなり体系的な著作であるが、全二一〇頁の収録は無理なので、後藤の「世界認識」の特徴を表すと考えられる章を抜粋した。なお、参考のため全章の目次を次に掲げ、本書収録の対象とした章には☆を付しておく。

☆第一章　緒論、第二章　人間生活に於ける二大潮流の争闘、第三章　世界主義的傾向の哲理的根拠、第四章　世界主義的傾向の実際的根拠、☆第五章　世界主義は終極の理想、☆第六章　世界主義に隠れたる民族思想（上）政治的方面、☆第七章　世界主義に隠れたる民族思想（下）

文化的方面、第八章　民族主義勃興の由来、第九章　種族、国民、民族及び個人、第十章　民族発展と生命慾、☆第十一章　膨脹国民としての日本民族、第十二章　民族的自覚を高調せよ、第十三章　世界の大勢と日本人の覚悟、☆第十四章　結論

＊＊＊

水沢市立後藤新平記念館（現在は奥州市立）が昭和五十五（一九八〇）年に編集発行した『マイクロフィルム版　後藤新平文書目録』の「二四　自筆原稿類」のうちに、「一八　文章及び談話にして雑誌等に載りたるもの（年代順）」という項目がある。リール番号R六七の最初に収録されている文書群である。この項目のもとには、雑誌や新聞に掲載された記事、つまり活字になった後藤の著作や講演などが重複を除き全部で九三点まとめられているのだが、その一点ごとの書誌事項は記載されていない。なかには掲載雑誌名や発行年月が不明なものもある。

本書にはこれら後藤の「文章及び談話にして雑誌等に載りたるもの」九三点から、本書のテーマである「後藤の世界認識」を知るための「材料」として四点を選んで収録したのであるが、個々の資料の説明の前にこれらの記事群の全体を概観してみたい。こうすることにより、いわば大正期の「論壇人」としての後藤新平のある側面を窺うことができるからである。

年代順に配列されている九三点の記事をリスト化し時期区分すると、明治期が一点、昭和期が八点、残りの八四点が大正期のものとなっている。大正期のなかでも大正十三（一九二四）年が

二〇点、同十四（一九二五）年が一五点、同十五（一九二六）年が一三点となっており、後藤は相当な頻度で雑誌や新聞というメディアに登場していることが分かる。この記事の数の多寡は、寺内内閣の内相・外相や東京市長といった後藤の公人としての地位と職務の繁忙に関係することは当然であるが、第一次世界大戦後の日本の言論状況の変化とも大きな関係があると思われる。なぜなら、この時期に創刊された雑誌がかなりあるからである。例えば、『東方時論』（大正五（一九一六）年）、『新時代』（大正六（一九一七）年）、『社会と救済』（同）、『大観』（大正七（一九一八）年）、『内観』（大正九（一九二〇）年）などであり、創刊号に掲載された後藤の記事が目につく。後藤の文章は創刊号あるいは巻頭を飾るのにふさわしいと考えられていたのかも知れない。

また、雑誌の種類について見ると、『外交時報』、『東洋』、『雄弁』といった現在でも著名な評論誌から、『東方仏教』、『鉄道青年』、『家庭の電気』、『武侠世界』など特定の社会的需要に対応するジャンルのもの、さらには『国論』、『横浜評論』、『世界の批判』、『民衆公論』など刊行時期が短かったと思われる「マイナー」な雑誌にも後藤は書いており、記事の掲載雑誌新聞は四一タイトルと広く分散している。

「不徹底なる対支政策を排す」『東方時論』創刊号、大正五（一九一六）年九月

『東方時論』は中野正剛が朝日新聞を退社し、東方時論社社長兼主筆となって一九一六年に創刊した雑誌として夙に著名である。後藤はこの雑誌のまさに創刊号にこの文章を寄せたのである。創刊号には、吉野作造「日支親善論」、内藤湖南「一時的対支政策に反対す」、さらには孫文の「民

国建設の大理想」などが掲載されており、後藤の中国認識の位置を知る手掛かりともなる。

「世界の変局に対する日本の国際的地位」『新日本』大正七（一九一八）年一〇月（第八巻一〇号）

雑誌『新日本』は明治四十四（一九一一）年に創刊された評論雑誌である。大隈重信が主宰、永井柳太郎、樋口秀雄が編集主任となり、博文館の『太陽』と対抗する大衆的評論雑誌を目指した。当初は冨山房が発行元でのちに新日本社となったが、大正七年一二月の八巻一二号をもって終刊した。

「欧米漫遊所見」『明治聖徳記念学会』第一四巻、大正九（一九二〇）年一一月二〇日

明治聖徳記念学会は宗教学者の加藤玄智らによって大正元（一九一二）年一一月に設立された学術啓蒙団体である。後藤の講演は大正九年二月七日に本郷の東京帝国大学山上御殿で開催された同学会の第六六回例会で行われたものである。後藤は寺内正毅内閣の総辞職により外務大臣を辞めた翌年の一九一九年三月から欧米視察の途に上り、アメリカ、イギリス、フランス、ベルギー、スイス、オランダを視察した。後藤は第一次世界大戦の独仏戦線の激戦地ヴェルダンを訪れ、その惨禍を実見した。また、大戦の原因の考察にあたってドイツの「産業参謀本部」機能に注目している。なお、収録にあたっては前半の戦争関連部分に限定し、後半の雑談的部分は割愛した。

「世界平和と日本の使命」『実業』五巻一号、大正十三（一九二四）年七月

後藤新平の記事を掲載した雑誌新聞は広く分散しているが、『実業』には珍しく一一回も書いている。もっとも後藤が書いているテーマは、「帝国国防私見」、「世界政策より見たる対支問題」、「西洋中毒より解脱せよ」、「民族発展の生命欲」、「民族主義の理想」など、政治、外交、思想に関するものが多い。なお、『実業』のほか、後藤がしばしば書いている雑誌は『内観』で、これは茅原華山が主催する直接購読の評論誌で六回記事がある。

「東洋政策一斑」『日本及日本人』昭和二(一九二七)年八月

三宅雪嶺が主宰した政教社の『日本人』は明治二十一(一八八八)年創刊され、明治四十(一九〇七)年『日本及日本人』と改題され再出発した。昭和二年に書かれたこの「東洋政策一斑」は後藤のほぼ晩年に位置するものであり、台湾、満鉄の経験から発して、米英との関係、朝鮮・満蒙問題を論じ、日本・中国・ソ連の提携協力を提唱する。本書所収の「厳島夜話」の「新旧大陸対峙論」のモチーフは後藤の世界認識において最後まで堅持されたという印象を覚える著作である。

(はるやま・めいてつ/早稲田大学非常勤講師、同台湾研究所客員上級研究員)

シリーズ〈後藤新平《ごとうしんぺい》とは何《なに》か――自治《じち》・公共《こうきょう》・共生《きょうせい》・平和《へいわ》〉
世界認識《せかいにんしき》

2010年11月30日　初版第1刷発行 ©

編　者　後藤新平歿八十周年
記念事業実行委員会
発行者　藤　原　良　雄
発行所　株式会社　藤　原　書　店

〒162-0041　東京都新宿区早稲田鶴巻町523
電　話　03（5272）0301
FAX　03（5272）0450
振　替　00160－4－17013
info@fujiwara-shoten.co.jp

印刷・製本　図書印刷

落丁本・乱丁本はお取替えいたします
定価はカバーに表示してあります

Printed in Japan
ISBN978-4-89434-773-1

後藤新平の全生涯を描いた金字塔。「全仕事」第1弾！

〈決定版〉正伝　後藤新平

（全8分冊・別巻一）

鶴見祐輔／〈校訂〉一海知義

四六変上製カバー装　各巻約700頁　各巻口絵付

第61回毎日出版文化賞（企画部門）受賞　　**全巻計49600円**

波乱万丈の生涯を、膨大な一次資料を駆使して描ききった評伝の金字塔。完全に新漢字・現代仮名遣いに改め、資料には釈文を付した決定版。

1　**医者時代**　**前史〜1893年**
医学を修めた後藤は、西南戦争後の検疫で大活躍。板垣退助の治療や、ドイツ留学でのコッホ、北里柴三郎、ビスマルクらとの出会い。**〈序〉鶴見和子**
704頁　**4600円**　◇978-4-89434-420-4（2004年11月刊）

2　**衛生局長時代**　**1892〜1898年**
内務省衛生局に就任するも、相馬事件で投獄。しかし日清戦争凱旋兵の検疫で手腕を発揮した後藤は、人間の医者から、社会の医者として躍進する。
672頁　**4600円**　◇978-4-89434-421-1（2004年12月刊）

3　**台湾時代**　**1898〜1906年**
総督・児玉源太郎の抜擢で台湾民政局長に。上下水道・通信など都市インフラ整備、阿片・砂糖等の産業振興など、今日に通じる台湾の近代化をもたらす。
864頁　**4600円**　◇978-4-89434-435-8（2005年2月刊）

4　**満鉄時代**　**1906〜08年**
初代満鉄総裁に就任。清・露と欧米列強の権益が拮抗する満洲の地で、「新旧大陸対峙論」の世界認識に立ち、「文装的武備」により満洲経営の基盤を築く。
672頁　**6200円**　◇978-4-89434-445-7（2005年4月刊）

5　**第二次桂内閣時代**　**1908〜16年**
逓信大臣として初入閣。郵便事業、電話の普及など日本が必要とする国内ネットワークを整備するとともに、鉄道院総裁も兼務し鉄道広軌化を構想する。
896頁　**6200円**　◇978-4-89434-464-8（2005年7月刊）

6　**寺内内閣時代**　**1916〜18年**
第一次大戦の混乱の中で、臨時外交調査会を組織。内相から外相へ転じた後藤は、シベリア出兵を推進しつつ、世界の中の日本の道を探る。
616頁　**6200円**　◇978-4-89434-481-5（2005年11月刊）

7　**東京市長時代**　**1919〜23年**
戦後欧米の視察から帰国後、腐敗した市政刷新のため東京市長に。百年後を見据えた八億円都市計画の提起など、首都東京の未来図を描く。
768頁　**6200円**　◇978-4-89434-507-2（2006年3月刊）

8　**「政治の倫理化」時代**　**1923〜29年**
震災後の帝都復興院総裁に任ぜられるも、志半ばで内閣総辞職。最晩年は、「政治の倫理化」、少年団、東京放送局総裁など、自治と公共の育成に奔走する。
696頁　**6200円**　◇978-4-89434-525-6（2006年7月刊）